옥중서신

골로새서/에베소서/빌립보서/빌레몬서

옥중서신

초판 1쇄   2023년 8월 25일
지은이   황원찬
펴낸이   이규종
펴낸곳   엘맨출판사
등록번호   제13-1562호(1985.10.29.)
등록된곳   서울시 마포구 토정로 222
          한국출판콘텐츠센터 422-3
전화   (02) 323-4060, 6401-7004
팩스   (02) 323-6416
이메일   elman1985@hanmail.net
          www.elman.kr

ISBN   978-89-5515-090-2 03230

값 12,000 원

옥중서신

골로새서/에베소서/빌립보서/빌레몬서

황원찬 지음

하나님의 사람을 **엘맨** 만들어 가는 ELMAN

머리말

　신약성경은 27권으로 분류합니다. 4복음서는 마태, 마가, 누가, 요한이며 역사서는 사도행전, 바울서신은 13권중 그 중 A.D.60-62년경 옥중에서 집필한 서신 에베소서, 빌립보서, 골로새서, 빌레몬서 4권을 옥중서신이라 합니다. 바울서신을 제외한 공동서신은 베드로전후서, 야고보서, 히브리서, 요한1,2,3서, 유다서 8권이며 묵시록 1권입니다. 옥중서신을 뺀 바울서신을 연대별로 기록은 1차 전도여행 A.D.49년 갈라디아서, 2차 전도여행 A.D.50년 데살로가전후서, 3차 전도여행 A.D.55년 고린도전후서, A.D.64년 목회서신 디모데전서, 디도서 A.D.67년 디모데후서입니다.

　더욱이 옥중서신 4서신은 각각 특징과 집필 방향이 있으면서도 에베소서는 교회론, 빌립보서와 골로새서는 기독론, 빌레몬서는 복음의 중재자라는 내용입니다.

　동시에 현실적으로 이단들의 거짓복음의 침투를 경계하고 박해, 핍박속에서 성도를 격려하고 승리하는 전투적 생활로 나아갈 것을 말합니다.

이 옥중서신의 집필은 저자가 섬기는 화양동교회 새벽강단 강해를 위해 씌여진 것입니다.

에베소서는 "창세전 신령한 복", 빌립보서는 "폭풍우속에서 기쁨", 골로새서는 "영원하신 하나님의 비밀", 빌레몬서는 "복음의 중재자"의 제목으로 나누어 강단의 요약강해를 신학도, 성도들을 위해 아울러 집필하였습니다.

더욱이 필자가 섬기는 화양동교회 새벽기도회 강단에서 설교한 요약 강해를 집필함을 감사합니다.

화양동 서재에서 황원찬

차례

에베소서

- "창세전 신령한 복"

서론

에베소서는 창세전 하나님의 신령한 복에 대한 책입니다. 곧 복중의 복입니다. 이는 하나님의 복으로 가장 사랑하는 자들에게만 주시는 신령한 복입니다.

에베소서와 골로새서는 쌍둥이 서신이라고 불립니다. 바울은 본 서신을 같은 내용, 같은 목적으로 기록하였기 때문입니다. 단지 두 서신이 차이가 있다면 내용면에서보다는 구성면에 있어 저자는 그리스도론과 교회론에 차이를 두고 있습니다.

에베소서는 교회론을 골로새서에는 그리스도론을 더 비중있게 강조하고 있는 부분이 다른 것입니다. 또한 에베소서는 교회와 성도의 생활에 있어서 다른 서신에 나오는 교회들처럼 특별한 문제가 없었던 교회임을 알 수 있습니다. 그럼에도 교회는 더욱 그리스도의 신앙의 터 위에 굳게 세워 지기를 바라는 목회자의 심정을 본 서신에서 엿볼 수 있습니다.

삼위일체

성도가 바라는 소망은 무엇입니까? 영생, 구원입니다. 성도는 구속받는 자들로 예수 그리스도의 피로 죄사함을 받아 영원한 천국의 유업을 얻는 소망으로 사는 것입니다.

그러므로 부질없는 이 땅에 소망을 두는 것은 성도의 참 신앙이 아닙니다. 세상은 잠깐 왔다 가는 것으로 인생은 순례자의 생활입니다. 미련 없이 떠나는 것입니다. 늘 성도는 하늘에 소망을 두고 살며 다시 만날 주님을 기다리며 사는 것이 구속받은 성도들이 창세전에 하나님께로부터 예정된 신령한 복입니다.

삼위일체 구속론의 도표

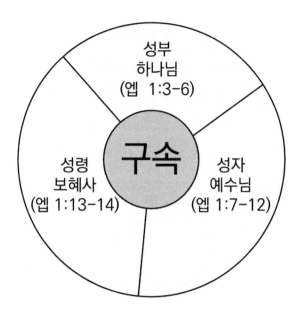

성부하나님의 구속사역

엡 1:3-6

에베소서는 신령한 복, 하나님의 구원의 복을 증거해 줍니다.

성부하나님의 구속사역에 대해 바울은 무엇이라고 합니까?

1. 창세전 택한 성도들에게 신령한 복을 주심입니다.

4절 "창세 전에 그리스도 안에서 우리를 택하사… 그 앞에 거룩하고 흠이 없게 하시려고"

바울이 그리스도로 통한 구원받은 은총을 전합니다. 곧 현세적, 육적인 복이 아니라 천성적, 영적인 복입니다.

구원의 은혜는 하나님이 창세전 예정한 자들을 선택하심으로 비롯된 일로 절대적 하나님 주권으로 말미암은 것입니다.

이를 그리스도안에 이루어진 "선재성"이라고 합니다.

"그 앞에 거룩하고 흠이 없게 하시려고" 이 구절은 하나님이 그리스도인을 선택한 목적이 나타납니다.

"거룩하고"는 하나님의 자신의 순결성을 뜻하며 성도들도 세속에서 구별되어 도덕적으로도 결점이나 죄에서 정결한 상태를 말합니다.

"흠이 없게"도 같은 의미로 성도의 순결성을 뜻합니다.

이는 하나님께서 그리스도안에서 구속사역을 통해 보여주시는 사랑입니다.

2. 성도들을 자녀되게 하심입니다.

5절 "예수 그리스도로 말미암아 자기의 아들들이 되게 하셨으니"

여기에 아들들은 양자 입양을 뜻합니다.

"아들"은 헬라어 "휘오데시안"으로 법적 용어로는 하나님의 가족되는 입양을 뜻하며 앞으로 하나님의 기업을 상속받는 자녀로, 자녀의 신분이 되는 것을 시사합니다.

성도는 하나님과 이러한 특별한 관계를 맺게 되는 것은 주님의 주선으로 이루어진 것입니다.

3. 성도들로 찬송을 받으심입니다.

6절 "그의 은혜의 영광을 찬송하게 하려는 것이라"

하나님께서 성도를 부르시고 선택하심은 양자로 삼으신 것과 보다 궁극적인 것은 이 은혜로 통한 구속하여 주신 하나님을 찬양함입니다.

찬송은 하나님의 구원의 은혜에 대하여 경배와 감사의 믿음의 행위입니다.

또한, 인생의 제일되는 목적이기도 합니다. 죄로 인하여 타락한 인생은 하나님께 감사치 않고 교만하여 자기 사욕을 위해 삽니다.

하나님을 영화롭게도 할 수도 없습니다. 그러나 구속받은 성도는 인생의 제일되는 목적은 하나님을 영화롭게 하고 영원히 하나님을 즐겁게 하는 것입니다.

곧, 찬송입니다.

성자예수님 구속사역

엡 1:7-12

바울은 주님의 풍성한 은혜로 완전한 구속의 사역, 속죄의 사역이 이루어진 것이라고 합니다.

성자 예수님의 사역은 무엇입니까?

1. 피흘리심입니다.

7절 "그의 피로 말미암아 속량 곧 죄 사함을 받았느니라"
"속량", "구속"은 헬라어 "덴아뤼트로신" 단어로 노예들이 자유를 얻거나 죄수들이 석방되기 위하여 돈을 지불하는 속전의 의미를 내포합니다. 이 내용은 신약성경은 2가지 구속의 사상을 지닙니다.
첫째, 주님의 죽으심으로 현재 누리는 구속의 은혜이며, 둘째, 장래에 누리게 될 종말론적 구속의 은혜입니다.

주님이 흘리신 피 공로의 효력이 현재, 미래에 구속의 은혜입니다.

2. 교회의 통일성을 이루심입니다.

10절 "하늘에 있는 것이나 땅에 있는 것이 다 그리스도 안에서 통일되게 하려 하심이라"

바울은 만물이 예전에는 죄로 인하여 무질서 되고 혼란스러웠지만 이제는 그리스도안에서 하나 되었다는 사실을 언급합니다.

무질서와 혼돈가운데 있던 우주가 그리스도안에서 공동된 목적을 위해 통일되었는데 하늘에는 영적 세력과 땅에 있는 것과 연합하여 주의 몸된 교회의 통일성을 이룸입니다.

로마서 5:10 "우리가 원수 되었을 때에 그의 아들의 죽으심으로 말미암아 하나님과 화목하게 되었은즉…"

교회는 한몸이며 한 지체입니다.

주님의 피흘리신 공로로 하나님과 화평을 이루었고 주님의 몸인 교회에 믿는 자들은 한 지체가 되었습니다. 마귀는 교회를 분열시키고 성도간에 원수되게 합니다. 분열은 마귀 역사입니다.

성령보혜사 구속사역

엡 1:13-14

사람이 거듭나게 하시는 이도 성령이시며 성령으로 나지 않으면 하나님의 나라에 들어갈 수도 없습니다. 구속의 사역에 있어도 성령이 삼위일체 하나님으로 동일하게 사역에 참여했습니다.

성령의 사역은 무엇입니까?

1. 구원에 인쳐주심입니다.

13절 "구원의 복음을 듣고 그 안에서 또한 믿어 약속의 성령으로 인치심을 받았으니"

"인"치다라는 뜻은 헬라어 "에스프라키스데"로 '소유권'을 뜻하거나 서신의 신비성을 받는 표시입니다.

성령은 복음을 받아들이는 믿는 자들에게 구원의 인침을

주시어 하나님 소유가 되심을 확증해 줍니다.

즉, 성령은 믿는 자에게 하나님의 택한 백성이 되며 하나님은 그의 소유주와 보호자가 되신다는 변화를 알려주며 확증해 주는 "인침"을 주는 것입니다.

2. 보증자가 되어 주심입니다.

14절 "이는 우리 기업의 보증이 되사…"

"보증"은 헬라어 "아르타본"으로 '계약금'이라는 뜻입니다. 이것은 어떤 계약을 할 때의 계약금을 가리키며 성령은 구원받은 이들의 구원을 보증하고 있으며 이 보증은 취소되지 않는 약속입니다.

구속의 그날까지 천국의 기업을 완전히 상속할 때까지 보장됨입니다.

"기업"은 미래의 영적부활에 참여와 하늘에 유업에 대한 상속을 뜻합니다.

하나님은 그리스도인들의 보호자시며 그리스도인들에게 영원한 유업을 상속하게 합니다.

이를 보증하는 것이 성령입니다.

바울의 기도

엡 1:15-19

바울은 에베소교인들의 믿음과 사랑을 들었음을 밝히며 기뻐합니다.

그래서, 더욱 바울은 기도합니다.

바울은 기도할 때에 기도의 대상자의 이름을 불러가며 간구합니다. 이런 바울의 기도는 에베소 교인들의 신앙 성숙을 향해 간구하는 중보기도인 것입니다.

바울의 중보기도의 내용은 무엇입니까?

1. 하나님을 더욱 알게 하여 주시기를 위함입니다.

17절 "지혜와 계시의 영을 너희에게 주사 하나님을 알게 하시고"

바울은 에베소 교인들의 믿음과 사단에 대한 소식을 기뻐하며 더욱 그리스도인의 영적 덕목과 성숙을 위해 기도하게 됩니다. 그렇습니다.

모든 그리스도인들의 소원도 주 예수 그리스도를 이전보다 더 알고 사랑하기를 기도함입니다.

452장 "내 모든 소원 기도의 제목 예수님 닮기 원함이라 예수님 형상 나 입기 위해 세상의 보화 아끼지 않네…"

진정 성도가 이 땅에 사는 날 동안 기도의 제목은 주님의 크고도 넓은 은혜와 대속해 주신 사랑을 날마다 간절히 알기 원하는 것입니다.

바울 역시 에베소 교인들을 위한 기도도 더욱 하나님을 아는 것입니다.

2. 성도의 기업을 알게 하여 주시기를 위함입니다.

18절 "성도 안에서 그 기업의 영광의 풍성함이 무엇이며"

구약에서 하나님의 기업은 이스라엘 백성을 가리킵니다.

마찬가지로 신약에서 하나님 기업은 그리스도안에 구속받은 성도들을 뜻하며 동시에 영원한 유업입니다.

곧, 성도의 소망은 영원한 유업, 하늘에 예비된 것입니다.

성도는 영원하신 기업을 소망합니다.

이는 생명보다 귀한 기업입니다.

이 땅에서 지나며 천국문에 이를 때까지 날 구속하신 주님이 내 가는 길을 늘 동행하여 달라는 기도입니다.

3. 성도의 능력을 알게 하여 주시기 위함입니다.

19절 "우리에게 베푸신 능력의 지극히 크심이 어떠한 것을 너희로 알게 하시기를…"

바울은 그리스도인의 능력을 "뒤나에오스"로 말하며 이는 무엇을 성취할 수 있는 동력이나 잠재력을 가리킵니다.

이 능력은 성도의 기업과 소망을 잇는 견고한 다리임을 바울은 강조합니다.

바울은 그리스도인을 향해 행하신 하나님의 위대한 능력이 어떤 것인지를 에베소 교인들이 알기를 중보기도 하는 것입니다.

구원받기전 옛 생활

엡 2:1-3

바울은 구원 이전의 사람은 영적 죽은 사람이며 구원 이후
에 사람은 새생명 가운데 있는 자라 합니다.

이같은 영적 변화는 전적으로 하나님의 은혜와 성령의 역
사로만이 가능합니다.

반면 구원받기전 상태는 비참한 영적 죽은 상태요 하나님
이 없는 자였던 것입니다.

하나님이 없는 자의 옛 생활은 영적으로 비참한 죽은 자들
로 바울은 3가지 모습으로 설명해 줍니다.

1. 허물과 죄로 죽은 자입니다.

1절 "죄로 죽었던 너희를…"

여기서 죽었던 너희라는 죽음의 표현은 육체적 죽음을 의
미하는 것보다는 영적이며 도덕적 죽음을 의미합니다. 즉, 영

한 생명의 근원이신 하나님으로부터 그 생명이 단절된 죄아
래 인생인 것입니다.

죄는 원어적으로 '과녁에서 벗어나다'라는 뜻으로 이러한
행위는 죄의 행위로 보게 됩니다.

2. 불순종의 영에 속한 자들입니다.

2절 "이 세상 풍조를 따르고 공중의 권세 잡은 자…"
풍습은 헬라어 "아이오나"로 종교적 혼합주의, 세속적 향
락주의를 뜻합니다. 육신을 좇는 불경건 생활 입니다.
또한, 공중권세 잡은 자를 따르는 자들이였습니다.
공중권세자란?
초자연적 악의 세력인 악한 영(엡 6:12), 곧 사단(막 8:35)
입니다.

과거 구원받기전 상태는 악한 영의 지배를 받고 영원한 생
명, 행복을 박탈당했던 것입니다.

3. 본질상 진노의 자녀들이었습니다.

3절 "본질상 진노의 자녀이었더니"
진노의 자녀란?

하나님의 필연적 심판을 뜻합니다.

인간은 태어날 때부터 죄아래에서 태어나 사망이 왕노릇하는 데에 지배를 받고 스스로 벗어날 수 없는 불행한 존재였던 것입니다.

결국 죄의 삯은 사망이라는(롬 6:23) 성경적 선언과 같습니다.

곧, 구원받기전 모든 인간은 스스로 하나님의 심판을 벗어날 수 없을 뿐 아니라 구원을 이루기 불가능한 죄인의 신분인 것입니다. 이로 인하여 하나님의 진노는 모든 죄악에 대해 심판하시는 하나님의 절대적 거룩성을 증거합니다.

구원받은 후 새 생활

엡 2:4-10

바울은 그리스도인들이 개종후 그리스도라 연합으로 새생명을 소유함을 언급하며이는 하나님의 은혜로 이루어진 것임을 선언합니다.

즉, 죄로 인해 진노받아야 마땅한 죄인에 대한 구원은 하나님의 주도적인 긍휼과 자비로 되어진 것이라는 것입니다.

구원 이후 새생활의 상태는 다음과 같습니다.

1. 그리스도안에 산 자들입니다.

5절 "허물로 죽은 우리를 그리스도와 함께 살리셨고…"

이 구절은 1절 구원받기 이전에 상태와 대조를 이룹니다.

즉, "허물과 죄"로 죽은 우리를 살리신 것은 주님의 십자가 구속의 은총이며 하나님의 긍휼과 사랑입니다.

하나님께서 그의 아들로 통하여 죄와 허물로 죽은 인생을 구원하신 것이며 주님은 하나님이 예정하신 구속의 계획을 자신이 십자가에 죽으심으로 하나님의 구속 계획을 성취한 것입니다. 성도는 과거 구원받기 전에는 하나님을 알지 못하고 멀리 떨어져 있는 상태였으나 주님을 믿음으로 구원받은 후에는 하나님께 나아가 예배하는 산 자가 된 것은 주님의 대속의 은혜인 것입니다. 이는 주님의 피공로입니다.

하나님으로부터 소외당하고 영원한 형벌을 받을 수밖에 없는 자리에서 주님이 흘리신 피는 하나님과 화해를 이루는 대속적 희생의 공로입니다.

2. 하나님의 선물을 받은 자들입니다.

8절 "너희에게서 난 것이 아니요 하나님의 선물이라"
여기서 "선물"이란?
불가항력적 은혜를 뜻합니다.
칼빈의 5대 강령중 4번째 강령으로서 사람이 선행을 통해 구원을 이룰 수 없음을 성령의 중생을 통해서만이 구원을 체험케 됩니다.
웨스트민스터 제 7장 3절에 "사람이 구원을 얻으려면 주님을 믿어야만 하고 영생을 얻기로 예정된 자들에게 성령을 주셔서 그들로 하여금 진정으로 믿도록 해주신 것이다” 라고 합니다.

이 선물은 전적으로 중생과 선택을 기초로 한 하나님의 효과적 사역의 결과이며 하나님의 은혜가 주어질 때 인간은 이를 거부할 수 없습니다.

왜냐하면 이는 하나님의 주권적 선물이기 때문입니다.

주님의 속죄의 은혜로 선택된 자들은 이 구원의 은혜, 선물을 성령은 끝까지 보존케 하며 천국에 이르게 합니다.

거부할 수 없는 하나님의 사랑과 선택은 한량없는 하나님의 선물입니다.

교회론(1)

엡 2:19-22

이 땅에 세워진 거룩한 교회는 하나님의 집입니다. 교회는 헬라어 "에클레이사"로 '밖에서 불러모으다'의 뜻입니다.

이는 주님을 나의 구주로 고백하는 성도가 죄악된 세상으로부터 나아와 주님과 연합된 공동체를 이룬 것이 교회입니다.

곧, 죄로 인하여 하나님과 원수 되었던 인생이 주님이 대속의 사역을 성취하기 위해 십자가에서 피흘리심으로 하나님과 화목하게 되며 성령안에서 아버지께 나아감을 얻게 된 것입니다.

바울은 구속받은 성도들을 다음과 같이 말합니다.

1. 하나님의 권속이라 합니다.

19절 "너희는 외인도 아니요 … 오직 … 동일한 시민이요 하나님의 권속이라"

구속받은 성도는 천국 시민이며 과거 소외된 외인도 아니며 외국인도 아닙니다. 천국의 권리와 상속받은 자녀의 신분이며 가족이 된 것입니다. 이는 예수 그리스도의 대속의 은총으로 말미암아 하나님께로부터 난 자들로서 하나님을 예배하는 영화로움을 얻게된 것입니다.

2. 교회에 세움 받은 자 들입니다.

20절 "너희는 … 세우심을 입은 자라 그리스도 예수께서 친히 모퉁잇돌이 되셨느니라"

교회의 설립은 선지자들과 사도들이 예언한 것과 같이 주님의 피로 기초가 된 것임을 설명합니다.

곧, 교회의 설립자는 주님이시며 교회의 친히 모퉁이의 돌이 되었습니다.

결국, 교회는 주님의 터 위에 놓인 것이며 성도들은 주님과 연합되어 진 지체로서 유기적으로 성장해야함을 시사해 줍니다. 그러므로 바울은 성도는 성령의 감화로 주의 전을 세워 나아가는 자들이라 합니다.

복음의 비밀

엡 3:1-9

옥중에서 바울은 에베소 교인들에게 복음의 은총을 전하고 있습니다.

곧, 주님의 구속은 영원하신 하나님의 경륜으로 나타난 복음의 비밀이라고 합니다.

"경륜"은 헬라어 "오이코노미안"으로 '하나님의 계획, 경영'의 뜻입니다.

도한, "집안의 관리를 맡은 직분"을 의미합니다.

바울은 자신을 복음의 비밀을 맡은 자 라고 합니다.

그래서, 4절 "그리스도의 비밀을 깨달은 것을 너희가 알 수 있으리라"고 바울은 자신이 받은 계시의 비밀(복음)을 전하는 것입니다.

복음의 비밀은 무엇입니까?

1. 하나님의 구원의 계획입니다.

3절 "곧 계시로 내게 비밀을 알게 하신 것은…"

계시는 헬라어 "아포칼로신"로 '드러내다, 베일을 벗기다'의 뜻입니다.

계시는 하나님이 인간에게 전달하는 방법으로 성령의 감동과 조명을 통해 이루어집니다.

바울은 다메섹 도상에서 겪었던 경험을 연상시킵니다.

예수그리스도의 계시를 통해 "비밀" 즉 하나님의 감추어진 계획을 깨닫고 누구든지 복음을 영접하는 자는 하나님의 백성으로 될 수 있다는 하나님의 구원의 계획을 전합니다.

2. 주님과 연합한 자가 되어짐입니다.

6절 "그리스도 예수 안에서 함께 상속자가 되고 함께 지체가 되고 함께 약속에 참여하는 자가 됨이라"

성도는 주님과 함께한 교회의 공동체입니다.

바울은 주님과 연합된 교회의 3가지 특징을 말합니다.

① 상속자 입니다(6절上)

주님을 구주로 고백하여 영접한 자는 하나님나라의 상속자가 됩니다.

곧, 자녀가 됨이고 하나님의 양자의 법적 직위를 얻은 것입니다.

하나님을 아버지라 부르는 자가 되었고 하늘로부터 난 자가 된 것입니다.

② 지체가 되었습니다(6절中).

주님과 한몸인 것입니다.

즉, 주님은 교회 머리가 되며 성도는 교회의 지체라는 불가분 관계이며 뗄레야 뗄수 없는 한몸입니다.

성도는 주님을 떠나서는 아무것도 할 수 없습니다.

마치 나무에 한 가지가 줄기에서 떨어져 나아가며 곧 마르고 열매맺지 못하는 것과 같습니다.

주님은 요한복음 15:5 "내가 그 안에 거하면 사람이 열매를 많이 맺나니 나를 떠나서는 너희가 아무 것도 할 수 없음이라"고 합니다.

③ 약속에 참여한 자입니다(6절下)

하나님께서 아브라함과 언약은 약속입니다.

창세기 15:4 "네 몸에서 날 자가 네 상속자가 되리라 하시고"

아브라함이 후사가 없고 자신의 집에서 자란 다메섹 사람엘리에셀을 후사로 마음에 정하였지만 하나님은 아니라 하시며 네 몸에서 날 자가 상속자라 하나님은 약속을 이루시고자 할 때 아브라함은 그 약속을 믿었습니다.

비록 아브라함은 노년 100세에 이삭을 얻었고 이삭은 야곱을, 야곱은 12자녀를 그후에 아브라함 계보에서 인류구속을 위하여 주님이 탄생하신 것입니다.

곧, 복음의 비밀, 주님이시며 이 복음을 위한 성도의 마중한 사명이 있습니다.

3. 복음을 전하게 합니다.

8절 "이방인에게 전하게 하시고"

바울은 먼저 복음의 비밀을 위하여 7절 "일꾼이 되었노라", 8절 "성도 중에 지극히 작은 자보다 더 작은 나에게" 세우신 것이라고 복음에 대한 막중한 사명의식을 고백합니다.

이 복음의 사명감은 후대에 모든 성도들에게도 큰 영향을 줍니다. 바울은 A.D.32년경 다메섹에서 복음의 부르심을 받았을 때에 "나는 네가 박해하는 예수라"(행 9:5) 음성을 들은 후 A.D.67년 2차 로마감옥에서 순교할 때까지 복음을 위한 가장 부러운 생애가 되었던 것입니다.

교회론(2)

엡 4:1-10

바울은 교회의 일체성을 강조하고 있습니다.

하나님과 성도와의 연합, 또한, 성도와 성도와의 연합입니다.

바울은 교회가 연합되는 요소는 믿음으로 하나되는 덕목이며 유기적인 교회 직분으로 하나 됨으로써 교회 일체성을 이룰 수 있게 된다고 말합니다.

왜 교회는 일체성을 나타내야 합니까?

1. 성령도 한 분입니다.

4절 "성령도 한 분이시니…"

성령은 교회가 하나되도록 평안의 줄로 매어줍니다.

그래서 교회가 연합되도록 하며 성도와 연합하게 하여 바른 교회관을 갖게 합니다. 바울은 성도들 각 사람에게 성령이 교통하며 마음과 생각에 감화를 주어 한 마음과 한 뜻을 갖게 합니다. 곧 한 소망 중에 부름받음을 알도록 소명감을 줌입니다.

"한 소망"은 "우주적 통일성"으로 하나님께서 주님을 통해 예비하신 구원의 목적을 이루는 것으로 교회를 통일시키는 것을 뜻하는 것입니다. 곧, 성령이 역사하는 일이 됩니다.

2. 주님도 한 분 이십니다.

5절 "주도 한 분이시오…"
주님은 헬라어 "큐리오스"로 '구주'를 뜻합니다.
이것은 초대교회의 성도들의 신앙고백으로 오직 예수그리스도만이 성도의 구주가 되어짐을 유일하게 인정하고 주를 따르며 복종한다는 의미를 지닌 것입니다. 곧, 주님만이 하나님이 보내신 독생자가 됩니다. 곧, 유일하신 외아들입니다.

독생자는 헬라어 "모노게네스"로 '외아들'의 뜻이지만 이는 유일무일하신 하나님의 아들로서 주님에게만 사용되는 단어입니다.

사도요한은 "독생자" 단어를 5번 사용했는데 "속성과 성품"이 하나님 동일한 분 내포하여 사용했습니다(one and only, 요 1:14, 18, 요 3:16, 18, 요일 4:9).

'여호와의 증인'같은 이단 종파처럼 주님이 하나님으로 말미암아 태어나거나 창조되었다고 주장하는 것은 삼위일체 하나님을 곡해한 이단의 가르침입니다.

3. 하나님도 한분 이십니다.

6절 "하나님도 한 분이시니…"

바울은 마지막으로 하나님에 대하여서도 "한분" 창조주심을 설명합니다.

곧, 만물위에 계시고 만유를 통일하시고 만유 가운데 계시는 분 "창조주", 유일하신 하나님의 "전능성"과 "유일성", "영원성"을 갖고 계시는 분이라고 말합니다.

한 아버지는 만유의 아버지로서 우주적 아버지로 인간을 구원하는 아버지라는 것입니다.

이러한 우주적 아버지이신 "한 하나님"은 교회의 일체성, 통일성을 이루시는 아버지의 통치를 보여줍니다.

성화론(1)

엡 4:25-32

바울은 주님이 피값으로 세우신 교회가 늘 통일성을 이루기를 부탁합니다.

그래서, 구원받은 성도들이 더 이상 세속에 물들거나 거짓 교사들의 속임수에 빠지지 말고 요동치 않기를 거듭 가르칩니다. 그래서 주님의 장성한 성도로서 성령의 사람들로 세워지기를 기도합니다.

곧, 성화적 그리스도인들로 힘쓰라는 것입니다.

1. 옛사람의 습성을 버림입니다.

바울은 25-28절에서 4가지를 옛생활 습성을 버리라 합니다.

① 거짓말을 하지 말라고 합니다.

25절 "그런즉 거짓을 버리고…" 거짓의 아비는 마귀입니다(요 8:44).

거짓을 양심에 꺼리지 않고 하는 자는 마귀로부터 난 자들입니다.

그래서, 바울은 거짓을 버리라고 합니다. 왜냐하면 거짓을 하는 것을 같은 지체가 됩니다.

옛사람의 특징중 하나는 거짓입니다(골 3:9). 남을 의도적으로 속임수로 올무에 빠지게 하는 것은 큰 범죄가 됩니다.

교회 지체가 되어진 성도 상호간은 솔직해야 합니다.

② 분을 품지 말라는 것입니다.

26절 "분을 내어도 죄를 짓지 말며…" 사람은 누구든지 감정을 갖고 있어 마음이 상할 수 있고 감정을 드러낼 수 있습니다. 그러나 사람의 감정은 널뛰기식으로 오르락 내리락 하며 죽 끓듯 변덕스럽습니다. 이에 감정에 집착하며 행하는 일은 불신앙이며 미성숙한 모습입니다.

또한 일을 그르치기가 십상입니다. 그래서, 바울은 감정을 승화시켜야 할 것을 말하며 더욱이 분을 내어도 죄를 짓지 말라는 역설적 명령을 합니다.

즉, 이 말은 분을 허용하는 것이 아니라 사단에 빠지지 말라는 적극적 명령입니다.

잠언 16:32 "노하기를 더디하는 자는 용사보다 낫고 자기의 마음을 다스리는 자는 성을 빼앗는 자보다 나으니라" 합니다.

③ 마귀로 틈을 주지 말라고 합니다.

27절 "마귀에게 틈을 주지 말라"

분노를 품고 오래 간직하는 것, 마귀의 전략입니다.

분노를 마음에 오래 품는 것은 마귀에게 우리의 영을 유린할 수 있는 기회를 제공합니다.

그러므로, 혹 분노가 폭발하거나 마음에 증오로 쌓이며 빨리 성령의 도움을 구하여 풀어야 합니다. 먼저 화해를 요청하거나 용서를 청구해야만 합니다.

그럴 때에 성령께서 우리 마음에 평안과 기도힘을 줍니다. 그러므로, 마음의 분노 반드시 해 지기전에 풀어야 합니다.

④ 도둑질하지 말라고 합니다.

28절 "도둑질하지 말고…"

자신이 땀흘려 얻지않는 수입은 부당 이득이며 도둑질입니다.

또한 남의 마음을 환심사게 하여 마음을 뺏는 것도 속임수이며 도둑질입니다. 내 희생과 헌신없이 남의 소유를 가로채는 것도 도덕이요 강도입니다.

관리자가 관리의 의무에서 벗어내 소유로 욕심내는 것도 도둑질입니다.

십계명에서도 엄격히 금지하는 것은 8계명 "도둑질 하지 말라"고 합니다.

2. 언어의 덕목을 부탁합니다.

29-31절에서 3가지 순화된 언어를 사용하기를 부탁합니다.

① 듣는 자들에게 은혜를 끼치게 하라 입니다.

29절 "무릇 더러운 말은 너희 입 밖에도 내지 말고 오직 덕을 세우는… 선한 말을 하여…"

더러운 말은 악의 있는 험담과 중상모략입니다. 이는 마귀의 속성입니다. 이런 말은 남에게 해를 끼치고 분쟁을 가져옴이 확실합니다.

사단은 욥에 대하여 시기하여 하나님께 험담을 했습니다.

반면에 선한 말은 도덕적으로 견실하고 옳은 말로 말의 단어를 선별하여 사용함입니다. 이런 선한 말을 하는 목적은 교회와 성도 상호간에 덕을 세우게 되고 본이 되어짐입니다.

이는 불신자들에게도 칭찬을 받게 합니다.

② 성령을 근심치 말라고 합니다.

성도가 순화되지 못한 언어와 단어를 무분별하게 사용되면 이웃에게도 덕을 나타내지 못하며 더욱이 기도문이 막혀 성령이 근심하는 허물을 드러내게 됩니다.

이사야는 자신의 입술이 부정함을 알고 "화로다 나여! 내가 부정한 중에 거하면서 여호와를 뵈었다"고 탄식했습니다.

이사야가 주앞에서 첫 번째 체험은 부정한 입술이 깨끗함 얻는 것이었습니다(사 6:7).

성도는 성령을 근심하게 말아야 합니다.

더욱이 말과 언어가 성화적 변화를 가져오도록 성령의 인도를 받아야 합니다.

성령은 주님안에서 역사하시는 인격적인 안내자이며 인도자 시기 때문에 성령의 인도함을 따르지 않고 자신을 더럽히면 성령을 근심하게 하는 것입니다.

③ 불경건한 언어를 버려야 합니다.

31절 "모든 악독과 노함과 분냄과 떠드는 것과 비방하는 것을 모든 악의와 함께 버리고"

"악독"은 과거에 당한 손해나 모욕에 대한 원한을 품고 보복하고자 하는 마음의 상태이며 "노함"과 "분노"의 이 두 가지는 "대체"로 동의어로 걷잡을수록 타오르는 격한 감정의 상태입니다. "떠드는 것"은 분노를 자제 못하고 소리지르는 것을 의미 합니다.

"훼방"하는 것은 상대방을 비방하는 것과 모욕 주는 언사입니다.

3. 관용적 언어를 부탁합니다.

32절 "서로 친절하게 하며 불쌍히 여기며 서로 용서하기를…" 바울은 앞절에서 금지명령을 한 반면 본절에서는 행하여야 할 덕목을 제시합니다.

"친절"하며는 부드러운 언어와 마음을 "불쌍"히 여기며는 형제의 필요에 공감하고 동정하는 것입니다.

용서는 하나님의 자비하신 속성으로 주님의 희생하시어 그 피흘리심으로 우리 죄를 용서하여 대속에 은총을 얻은 것을 우리도 형제를 용서해야 함을 강조합니다.

이는, 복음의 덕목입니다.

빌립보서 4:5 "너희 관용을 모든 사람에게 알게 하라…" 고 합니다.

성화론(2)

엡 5:1-13

바울은 새삶으로 부름받은 성도의 생활의 원리를 구체적으로 언급합니다. 성도는 성령을 따라 사는 성화적 생활을 추구해야 함은 영적 성숙을 이루어야 하기 때문인 것입니다(1절).
"너희는 하나님을 본받는 자가 되고"

영적 생활의 원리는 무엇입니까?

1. 사랑가운데서 행하여야 합니다.

2절 "너희도 사랑 가운데서 행하라…"
곧, 주님께서 우리를 위해 자신의 몸을 희생하신 것과 같이 행하라고 합니다. 사랑은 하나님의 성품의 본질이며 동시에 성도가 닮아야할 본질입니다.
그리스도인들은 이미 경험한 주님의 대속적 사죄를 통하여 받은 사랑을 실천해야 합니다. 성도의 생활원리는 이미 주님이 희생적 사랑을 통하여 우리를 구원하셨다는 그 이유를 밝히고 있습니다.

주님이 자신을 희생제물이 되시어 하나님의 기쁨이 되었던 것이면 성도도 하나님께서 받으시는 복음적 희생적 삶을 살아가야 합니다.

2. 감사하는 말을 해야 합니다.

4절 "감사는 말을 하라"

바울은 그리스도인인의 언어 생활에 있어서 최선의 태도는 감사하는 말입니다. 감사하는 말은 헬라어 "유카리스타이"는 "은혜로운 말"로 해석함입니다. 이는 이미 주님안에서 경험한 은혜 체험이 항상 감사의 말이 흘러 넘쳐야만 합니다.

저속한 언어는 피하여야 합니다. 누추한 말입니다. 이는 천하고 속되어 부끄러움의 언어입니다.

그리고, 어리석은 말입니다. 죄의 성향을 지닌 옳지못한 말로써 분별력없이 떠드는 군소리입니다.

또한, 희롱의 말입니다. 재치있는 농담이라는 좋은 의미 같으나 상스러운 농담, 독설을 의미합니다.

그리스도인의 언어의 승화는 인격이며 신앙의 척도입니다.

3. 빛의 자녀들처럼 행하여야 합니다.

8절 "너희가 전에는 어둠이더니 이제는 주 안에서 빛이라 빛의 자녀들처럼 행하라"

바울은 에베소교회 교인들이 주님을 영접하기 전의 상태는 어둠이었음을 상기시키고 있습니다.

그들은 과거에 죄로 인하여 죽을 수밖에 없었던 불신앙자들이고 공중 권세자 마귀를 추종했던 것입니다.

그러나, 이제는 참빛이신 주님으로 인해 빛의 자녀가 되었으므로 너희는 세상에 빛이라 칭호를 얻었고 빛의 열매를 맺는 성화적 몸으로 변화되어지는 것입니다.

빛의 열매는?

9절 "모든 착함과 의로움과 진실함에 있느니라"

곧, 착함은 헬라어 "아가도 쉬네"로 '관대함, 온유한 도덕적 성품'을 의미합니다.

"의로움"은 헬라어 "디카이 오쉬에"로 '공정, 올바름'을 의미합니다.

진실함은 헬라어 "알레네이아"로 거짓없는 말과 행동을 의미합니다.

이와같이 빛의 자녀된 성도는 지난날 어둠의 자녀로 살던 과거를 청산한 자들입니다.

성화론(3)

엡 5:15-21

계속하여 바울은 그리스도인들은 성화적 생활로 나아갈 것을 촉구합니다. 멈추거나 중단하는 것은 영적생활에 큰 손실입니다.

바울은 성도가 구원받은 이후에 성령으로 변화되어진 성화적 생활이야말로 성도에게로 향하신 하나님의 뜻이며 하나님께 영광을 나타내는 것임을 말합니다.

구원받은 이후 성도의 생활은 무엇입니까?

1. 세월을 아낌 입니다.

16절 "세월을 아끼라 때가 악하니라"
"세월"은 헬라어 "카이론"으로 '중요한 시기, 곧 지나가 버리는 기회'를 의미합니다.

즉, 주어진 시간속에서 기회를 찾아놓지 말라는 것입니다. 이것은 성도로서 꼭 알고 행하여야할 중요한 지혜인 것입니다.

인생은 짧습니다.

시편 90:6 "풀은 아침에 꽃이 피어 자라다가 저녁에는 시들어 마르나이다" 이라고 합니다.

그러므로, 성도는 내가 사는 동안에 세월을 아끼고 보람있게 지내야 합니다. 더욱이 밤낮 주를 위하여 몸과 마음 다하여 귀한 시간을 주를 위해 사용해야 합니다.

2. 성령충만 해야 합니다.

18절 "오직 성령으로 충만함을 받으라"

바울은 본절에서 방탕한 생활과 영적생활을 대조하여 설명합니다.

먼저, 방탕한 생활의 타락상은 술취함입니다.

술취함은 생활에 무절제 행동을 극명히 보여주고 정신, 마음을 비정상적으로 마비가 되어 술에 제압되게 됨입니다.

술의 문화는 타락상입니다.

타락의 상징물인 술은 한 모금도 마시지 말아야 합니다.

잠언 23:31 "포도주는 붉고 잔에서 번쩍이며 순하게 내려

가나니 너는 그것을 보지도 말지어다"

33절 "눈에는 괴이한 것이 보일 것이요 네 마음은 구부러진 말을 할 것이며"

성도는 술을 보지도 말아야 합니다. 방탕입니다. 방탕은 헬라어 "아소타아"로 헬라세계에서도 '방종, 육욕의 무절제한 낭비'의 의미로 사용된 방탕의 단어입니다.

반면에 성령충만함은 성도가 성화적 영적생활에 능력있는 삶을 살아갈 수 있도록 하는 것입니다. 이는 영적생활에 소중한 "동력"입니다.

자동차가 외형적으로 화려하고 눈에 보기에 좋아도 가솔린이 없다면 무용지물 차량입니다. 비록, 소형차라도 가솔린이 있다면 타고 다닐 수 있는 차량이 됩니다.

성령충만의 상태는?

그리스도인 안에 내주하시는 성령께서 온전히 성도의 마음과 생각, 생활을 지배하여 인도해 주시는 상태를 뜻합니다.

성령충만은 일회적으로 끝나는 것이 아니라 지속적으로 체험되어가는 성도의 영적생활의 체험입니다.

또한, 성령충만하라는 명령은 일부 성도만 해당되는 것이 아니라 모든 성도가 체험하여야 하는 것을 시사합니다.

로마서 8:8 "육신에 있는 자들은 하나님을 기쁘시게 할 수 없느니라"고 합니다.

3. 영적예배 생활입니다.

19절 "시와 찬송과 신령한 노래들로 서로 화답하며…"

성도는 성령충만한 영적생활의 기쁨을 찬양과 찬미의 열매로 나타납니다.

바울은 찬양을 3가지 종류를 언급합니다.

먼저 "시"는 헬라어 "프샬모이스"로 구약성경 시편뿐 아니라 시편이 가지고 있는 정신과 그 형태의 예배송을 뜻하며 "찬미"는 헬라어 "힘노이스"로 '신이나 영웅을 위해 부르는 노래'로 초대교회 당시에 삼위 하나님께 대한 영광송으로 부르게 되었습니다.

마지막으로 "신령한 노래"는 헬라어 "프뉴마티 카이스"로 성령의 영감에 의해 만들어진 찬송시로 언급됩니다.

이 세 가지는 서로 중복된 것으로 성령충만함을 받은 성도들이 예배중이나 날마다 기도중에 하나님의 은혜와 주님의 구속에 대한 감사와 응답으로 찬양을 함입니다.

성도는 구속받은 이후에 평생 성화적 생활로 예배자로서 삽니다. 구속의 은혜에 응답으로 찬양과 예배로 경건한 생활로 나아가는 신령한 기쁨을 누리는 천국생활을 합니다.

교회론(3)

엡 5:22-33

바울은 아내와 남편의 비유를 교회에 대한 그리스도가 머리되심을 설명합니다.

"머리"는 헬라어 "케팔레"로 '지도자, 통치자'를 의미하는 것으로 이것은 그리스도께서 교회를 다스리시고 인도하신다는 것입니다. 바울은 교회론에 대하여 설명합니다.

1. 교회머리는 주님입니다.

23절 "그리스도께서 교회의 머리 됨과 같음이니…"

바울은 골로새서 1:18에서도 "그는 몸인 교회의 머리시라…" 했습니다. 그 이유는 주님은 십자가의 피로 교회를 세우시고 죽은 자 가운데서 먼저 사신 이시며 만물보다 먼저 계신 이시고 만물이 주로 말미암고 주께로 돌아가기 때문입니다.

이것이 뜻하는 바는 다음과 같습니다.

첫째, 교회와 주님은 "매우 긴밀한 유기적 관계"를 갖습니다. 그것은 주님으로부터 성도가 생명력을 공유받음으로 삶을 얻습니다.

둘째, 주님은 교회의 주권자로서 절대적 치리권을 갖습니다. 교회는 교회의 주권자인 주님의 뜻과 명령에 복종함으로서 생명의 길을 갈 수 있는 것입니다.

셋째, 주님이 부활하심으로 성도가 주님과 연합하여 죽은 자 가운데서 다시 부활의 몸으로 살 수 있는 것임을 뜻합니다.

2. 성도는 교회에 지체입니다.

30절 "우리는 그 몸의 지체임이라"

이 구절은 주님이 교회를 돌보시는 이유입니다.

성도는 주님의 몸된 교회를 이루는 지체입니다. 즉, 주님과 성도는 뗄래야 뗄수 없는 지체가 됨으로 주님은 지체의 모임인 교회를 양육하시고 지켜주심입니다.

요한복음 15:5 "나는 포도나무요 너희는 가지라… 나를 떠나서는 너희가 아무 것도 할 수 없음이라"라 합니다.

즉, 주님과 성도는 양자간 연합을 뜻하며 신령한 연합을 통하여 많은 열매를 맺을 수 있다는 것입니다.

성도는 주님을 전인격적으로 영접함으로 성부와 성자 및 성령과 성도가 본질적으로 "하나"됨의 경험속에 있음을 의미합니다.

큰 은혜인 것입니다. 타락한 인간의 본성은 근본적으로 "하나"됨이 될 수 없는 것입니다.

그러나 왠 은혜 입니까? 성도가 성령으로 거듭나서 성품, 재능, 재량이 변화되었고 주님의 영원한 생명을 얻어 주님과 연합된 지체가 된 것은 양자의 신분을 얻은 자요 영광된 자가 되었음을 시사해 줍니다.

3. 성도의 가정을 교회라고 비유합니다.

32절 "이 비밀이 크도다 나는 그리스도와 교회에 대하여 말하노라"

사실 바울은 본장을 통해서 계속적으로 가정과 부부간의 비유를 설명해주고 있었습니다.

곧, 성도의 가정은 교회라 비유합니다. 그만큼, 성도의 가정은 주님도 소중하게 보시는 것입니다.

가정이 행복은 주님을 모실 때만이 가능합니다. 또한, 주님의 뜻입니다.

가정의 파괴자는 마귀입니다. 가정을 불행하게 만듭니다. 식구들 화목을 깨뜨립니다.

야고보서 4:7 "마귀를 대적하라 그리하면 너희를 피하리라"고 합니다.

마귀를 대적함은 어떤 영적 무기입니까?

예배하는 온식구이며 기도하는 가정입니다.

욥이 그 시대에 매일 자녀들을 모아 번제의 단을 쌓았습니다(욥 1:5).

혹, 자녀들이 마음으로도 범죄할까 염려했습니다. 욥은 가정의 선지자입니다.

영적 싸움

에베소서 6:10-20

마귀는 온 인류를 타락하도록 미혹하고 범죄하게 만든 장본인입니다.

거짓의 아비, 미혹의 영, 천하를 꾀는 짐승입니다.

외형적으로 선한 양 같은 모습이지만 속에는 이리와 같고 입으로는 용처럼 말하는 내면적으로는 잔인하고 폭악한 타락한 천사의 모습입니다.

결코, 양도 아니고 천사도 아닙니다.

타락한 천사 마귀는 그 졸개들 귀신의 영들과 함께 인간을 꾀어 범죄하게 만듭니다. 불행한 인생이 되도록 합니다.

결국, 구원받지 못하게 하여 지옥 백성으로 만들어 영원한 사망, 형벌을 받게 하니 무서운 사망의 권세를 잡은 성도에게는 영적 싸움의 대상이 됩니다.

그러나, 주님은 성도의 대장이 되며 이미 십자가의 능력으로 마귀를 정복하심입니다. 겁낼 것 없습니다.

싸움에 이길 영적 승리의 비결은 무엇입니까?

1. 먼저 싸움의 대상을 잘 알아야 합니다.

10절 "마귀의 간계를 능히 대적하기 위하여…"

마귀입니다. 마귀는 헬라어 "디아블루"로 그 뜻은 단수로 '최고의 우두머리'입니다.

즉, 마귀는 귀신들을 지휘하는 두목이며 깡패입니다.

간악한 이간자이며 교회와 성도간에 분열케 합니다. 성도는 마귀의 수많은 시험과 유혹으로 오는 공격의 대상입니다.

정신차려야 합니다. 마귀의 공격에 담대히 맞서 대항해야 마귀는 물러갑니다.

마귀는 강한 대상입니다. 내 힘으로는 이길 수 없는 강자입니다.

원래 마귀는 천사장이었습니다. 그 이름은 "루시퍼"로 '샛빛'의 뜻입니다. 천사중 가장 아름답고 하나님 보좌 가까이 있던 천사였습니다.

루시퍼는 교만했고 하나님께서 쫓아냈습니다.

이사야 14:12 "너 아침의 아들 계명성이여 어찌 그리 하늘에서 떨어졌으며…"

13절 "네 마음에 이르기를 내가 하늘에 올라…"

15절 "그러나 이제 네가 스올 곧 구덩이 맨 밑에 떨어짐을 당하리로다"의 말씀입니다.

곧, 루시퍼는 타락한 천사장이요 이 마귀를 동조한 천사무리는 귀신 영입니다.

2. 영적 무장으로 승리합니다.

13절 "그러므로 하나님의 전신 갑주를 취하라 이는 악한 날에 너희가 능히 대적하고…"

그리스도인들의 전후는 단순한 혈, 육의 싸움이 아닙니다. 실제 하늘에 영적 어둠의 세력들과의 영적 싸움입니다.

악의 영들입니다.

싸움을 하기 위해서는 하나님의 전신갑주를 입어야 합니다.

이는 완전 군장으로 대체로 20kg이 됩니다. 무거운 짐이라도 전투를 위해 입는 것입니다. 성도들은 하나님의 완전 군장을 입어야 합니다. 무엇입니까?

① 허리에 띠를 띠고 ② 호심경(흉패)을 붙이고 ③ 복음의 신을 신고 ④ 믿음의 방패를 가지고 ⑤ 구원의 투구와 ⑥ 성령의 검을 가지는 것입니다.

진리로 허리에 띠를 띠라는 것은 당시 의복은 발목까지 내려오는 긴옷이었습니다.

그래서 전투를 하기 위해서는 옷을 붙들어 매야 했습니다.

진리는 복음이라 해석보다는 의로움과 진실로 몸의 띠를 삼으라는 은유적 표현입니다.

흉패를 붙이라 함은 흉패는 목에서 허벅지까지 내려오게 되어 가슴과 배를 보호합니다. 이는 올바르고 선한 도덕적 온전성을 은유적으로 의미합니다.

또한, 복음의 신발은 악의 세력과 대항하기 위해서는 복음의 군화를 신고 나아가야 인내할 수 있어 승리하게 됩니다.

"믿음의 방패"의 "방패"는 헬라어 "뒤레온"으로 '긴 방패'라는 뜻입니다.

방패는 그리스도인의 능력이며 영적 최대 방어 무기입니다.

구원의 투구는 구원의 확신이며 순교하여도 생명의 면류관이 있음을 바라는 담대함입니다.

요한계시록 2:10 "네가 죽도록 충성하라 그리하면 내가 생명의 관을 네게 주리라"고 합니다.

바울과 실라는 옥중에서도 큰 소리로 기도하고 찬송할 때 옥문이 열리는 기적이 나타났습니다(행 16:25-26).

구원의 투구는 담대한 믿음이며 마귀를 쫓아내는 능력이 됩니다.

3. 늘 성령안에서 기도를 힘쓰는 것입니다.

18절 "깨어 구하기를 항상 힘쓰며…"

성도의 가장 큰 영적 무기는 기도입니다.

참기도는 기도자의 의지와 결심으로만 이루어질 수 없습니다.

무엇보다도 성령이 친히 기도해 주심입니다.

로마서 8:26 "성령도 우리의 연약함을 도우시나니 우리는 마땅히 기도할 바를 알지 못하나 오직 성령이 말할 수 없는 탄식으로 우리를 위하여 친히 간구하시느니라"

성령은 기도자의 내면에 내주하여 주시며 감화와 감동을 주어 먼저 회개하도록 도우심입니다.

어두운 마음을 밝히며 참 마음으로 하나님께 나아가 하나님 경외하도록 깨닫게 하여 참 평안과 기쁨을 줍니다. 또한, 능력을 주시어 시험을 이기며 마귀를 쫓아내게 합니다.

또한, 주를 섬기도록 힘을 더해 주며 교회에 화평을 이루어 세워 나아가게 합니다.

평생 복음의 빚진 자로 전도자로 살게 하며 주를 위해 헌신하는 생애로 늘 기도하도록 합니다.

빌립보서

- "폭풍우속에서도 기쁨"

서론

빌립보서는 폭풍우 속에서도 체험하는 신령한 기쁨에 대한 책입니다.

"폭풍우 속에서"는 성도가 겪는 고난과 시련을 뜻합니다. 바울에게 있어서는 평생 고난을 통한 사역이었습니다. 더욱이 빌립보서를 기록할 때에는 로마 1차 투옥으로 옥중에 있었습니다. 놀라운 것은 옥중에서도 바울은 기뻐하고 있습니다.

이 짧은 서신 안에 기쁨이란 말이 16회 반복적으로 표현하고 있습니다. 곧 그리스도 안에서 우리는 기쁨인 것입니다. 그러므로 바울은 빌립보 성도들에게 자신과 함께 기쁨으로 신앙의 일에 설 것을 권면하고 있습니다.

바울의 감사

빌립보서 1:3-10

빌립보서는 옥중서신입니다. A.D.60년경 1차 로마 감옥에 투옥시 빌립보교회를 위해 옥중에서 쓰인 서신입니다. 먼저 바울은 빌립보 성도들의 기도와 사랑에 감사합니다. 실로 빌립보교회 성도들은 바울의 사역에 물심양면으로 지원하는 선교의 후원자들이었습니다. 변함없는 기도와 더욱이 헌금을 보내주어 사역에 힘이 되어 주어서 감사를 전하는 것입니다(빌 4:10, 18).

또한 빌립보교회는 그리스도 안에 연합된 교회이지만 율법주의자들로 인하여 교회 내에 분열의 위험이 있음을 조심하여 방지할 것을 권면하고 있습니다.

마지막으로 성도의 시련은 복음을 전파하는 방편으로 오는 것으로 오히려 기쁨이 된다 하였습니다.

바울의 빌립보교회 성도들에 대한 감사는 무엇입니까?

1. 변함없는 믿음으로 "연합"됨입니다.

5절 "너희가 첫날부터 이제까지 복음을 위한 일에 참여하고…"

바울은 지난날 자신에게 베푼 빌립보교인들을 생각하며 감사합니다. 또한, 바울이 감옥에 갇혀있는 지금까지 변함없이 믿음으로 복음사역에 동참하고 있기 때문에 감사합니다.

사실, 개척자, 목회자였던 바울이 감옥에 갇혀 있다면 실망과 충격으로 뿔뿔이 흩어질 수 있고 구심점을 잃고 영적 무장해제가 될 수 있음에도 오히려, 빌립보교인들이 믿음안에서 변함없는 기도와 간구함이 옥중에 있는 바울에게 큰 기쁨과 감사가 되고 있습니다.

2. 복음 사역에 헌신함입니다.

6절 "너희 안에서 착한 일을 시작하신 이가 그리스도 예수의 날까지 이루실 줄을 우리는 확신하노라"

바울은 빌립보교회 교인들의 주를 향한 신앙과 복음을 위한 헌신이 시들지 않고 주님의 날까지 충성할 것을 기뻐합니다.

바울의 확신은 주님의 날까지 충성스러운 일꾼이 될것이

라는 것입니다.

여기에서 "예수의 날"까지는 종말론적 재림의 날을 가리킵니다. 그만큼, 빌립보교회 교인들은 신실한 믿음으로 주님 오시는 날까지 구속사적인 주님의 일을 위해 옥중에 갇힌 바울과 같이 헌신함입니다. 비록 바울은 옥중에서라도 그 매임이 시위대 안에서도 주님을 전파하는 계기가 된 것입니다.

밖에 있는 교인들도 주님이 변함없이 증거됨을 바울은 기뻐하고 기뻐합니다.

3. 은혜에 참여한 자들입니다.

7절 "너희가 다 나와 함께 은혜에 참여한 자가 됨이라"

은혜에 참여함이란?

빌립보 교인들은 바울이 옥중에 갇힌 중에도 기도와 헌금을 지원하였고 이는 복음사역을 도운 것이며 투옥중에 있는 자신을 잊지않음입니다.

사실 바울이 당하는 고난은 복음과 교회 곧, 주님을 위한 것입니다(엡 3:13, 골 1:24, 딤후 2:10).

이 모든 일이 하나님께 찬송과 영광이 됨을 감사하는 것입니다.

바울의 권면(1)

빌립보서 1:27-30

바울은 자유의 몸이나 옥중에 갇힌 몸이라 할지라도 그의 간절한 소망은 살든지 죽든지 자신의 몸에 주님이 존귀하게 되는 것이라 합니다.

이를 빌립보교회 교인들에게 밝히고 있습니다. 바울은 주를 위해 받는 고난은 기쁨이며 유익함이라 합니다(빌 1:21). 그런 면에서 교인들에게 권면하고 있습니다.

1. 복음에 합당한 생활입니다.

27절 "오직 너희는 그리스도의 복음에 합당하게 생활하라…" "생활하라"의 헬라어 "플리튜에스"로 '사람답게 살아라'는 뜻입니다.

이는 당시 빌립보교회 교인들이 로마 시민권자들이 많이 있어 로마사람답게 품위를 유지하며 살라는 의미입니다.

그러나, 바울은 신령한 새로운 공동체인 하늘의 시민으로 살아갈 것을 권면합니다.

곧, 그리스도인 삶의 기준은 복음입니다. 주님의 부르심에 일치하여 그 책임과 특권을 유지하여 합당하게 사는 것입니다.

책임과 특권이란 땅에 속한 자로 사는 것이 아닙니다. 하늘에 속한 자로 소망속에 살며 하늘에 시민권을 얻자라는 그 특권을 소중히 여겨야함을 뜻합니다. 에서와 같이 육적인 팥죽 한 그릇으로 영적 장자명분의 특권을 버리지 말 것을 권면합니다.

2. 상호협력 하라고 합니다.

27절下 "너희가 한마음으로 서서 한 뜻으로… 협력하는 것과"

신령한 공동체인 교회 교인들은 세속에 공동체와 다른 두 가지 특징이 있습니다. 어떠한 경우든지 한 마음(일심) 한뜻으로 협력함입니다.

"한마음"의 헬라어 "푸뉴마티" 성령안에 한마음 한뜻을 가질 수 있다는 것입니다.

바울은 어떠한 면에서 서로 협력할 수 있다고 설명합니다. 이미 바울은 에베소서 4:3에서 "평안의 매는 줄로 성령이 하나 되게 하신 것을 힘써 지키라"

에베소서 4:4 " 몸이 하나요 성령도 한 분이시니 이와 같이 너희가 부르심의 한 소망 안에서 부르심을 받았느니라" 고 하였습니다.

3. 고난도 받으라고 합니다.

29절 "그를 위하여 고난도 받게 하려 하심이라"
바울은 주님을 위한 고난받는 것은 "은혜"라고 합니다.
복음을 위해 수고하다가 당하는 고난은 주님의 남은 고난을 함께 당하는 것이며 하나님께서 능히 고난을 견디도록 더 귀한 믿음을 주심입니다.
세상에 모든 고난은 주님이 당하신 고난과 연관성이 있다고 할 수 없습니다. 주님의 고난은 자신의 잘못에서 비롯된 것이 아니라 무고한 고난이며 그 고난의 결과 다른 사람에게 유익을 주는 "메시야적 고난"이 되는 것입니다.
바울은 주님의 고난은 주를 섬기는 믿는 자들에게는 누구든지 필연적인 것을 말합니다. 또한, 이 고난을 받으며 살아가는 종들에게는 금보다 더 귀한 믿음을 주시어 고난을 이길 수 있도록 주님의 위로가 있도록 해 주십니다.
그런 면에서 바울은 그리스도인들이 받는 고난은 "은혜"라고 설명해 주고 있습니다.

주님을 본받아

빌립보서 2:5-11

바울은 그리스도인의 성화적 생활은 날마다 주님을 본받아 사는 생활임을 말해 줍니다.

5절 "그리스도 예수의 마음이니"라 합니다.

곧, 주님의 마음은 겸손입니다.

그래서 바울은 빌립보교회 교인들에게 주님의 마음을 본받으라고 권면하는 것입니다.

이는 성도가 평생 힘쓰는 성화적 경건생활입니다.

성도의 경건생활에 영적 장애 요인은 헛된 허영심과 공명심입니다.

주님의 겸손은 다음과 같습니다.

1. 동등하게 여기지 아니하심입니다.

6절 "그는 근본 하나님의 본체시나 하나님과 동등됨을 2) 취할 것으로 여기지 아니하시고"

여기서 "본체"는 헬라어 "모르페"로 '하나님의 본질적 속성과 성품'을 뜻합니다. 이는 하나님의 존재하심에서 분리 상태가 아니라 하나님 본질을 소유한다는 것을 의미합니다.

그러나, 하나님의 속성중 하나님께서만 가지신 속성을 비공유성 속성입니다.

곧, ① 자존성은 하나님 스스로 존재하심이며 의존적 피조물과는 다른 존재하심입니다.

② 불변성은 하나님 스스로 존재하심이 영원 하심입니다.

③ 유일성은 홀로 한 분 유일하신 하나님이심입니다.

④ 무소부재성은 하나님은 어디든지 계신 분입니다.

⑤ 전지성은 하나님은 모든 것을 하실 수 있는 창조주, 전능자이심입니다.

이와같은 비공유적 속성은 피조인생은 갖지 못한 속성입니다. 그러나, 주님은 하나님과 동등하신 분 이시지만 동등하게 여기지 아니하신 것입니다.

2. 종으로 낮아지셨습니다.

7절 "오히려 자기를 비워 종의 형체를 가지사 사람들과 같이 되셨고" 고대사회의 "종"은 헬라어 "둘로스"로 '주인에 대한 절대적 복종'을 의미하는 뜻입니다.

고대사회에 노예(종)계급은 전쟁의 포로, 빚으로 팔린 사람들입니다. 종들은 개인의 소유권, 권리는 없는 자들인 것입니다. 주님은 인류 구속사역을 위하여 종으로서 자신을 비하하신 것입니다.

3. 희생하심입니다.

8절 "자기를 낮추시고 죽기까지 복종하셨으니 곧 십자가에 죽으심이라"

십자가의 도, 구원의 도는 희생입니다.

주님이 희생하심으로 그의 몸된 교회가 세워진 것입니다.

바울은 빌립보교회 교인들에게도 주님을 본받을 것을 권면합니다. 오늘도 복음의 역사는 희생으로만 이루어 집니다. 그래야 하나님의 교회가 이땅에 이루어 집니다. 결코 방관자로만 있다면 복음의 사역은 시들게 됩니다.

바울의 동역자

빌립보서 2:19-30

바울은 잊지못할 동역자를 빌립보교회 교인들에게 소개해 주고 있습니다.

1. 디모데입니다.

22절 "자식이 아버지에게 함같이 나와 함께 복음을 위하여 수고하였느니라"

바울이 디모데에게 감사하는 것은 그의 진정성 때문입니다.

마음으로 내일처럼 더 나아가 자식이 아비에게 함 같이 순수한 헌신자였던 것입니다.

디모데는 바울이 복음의 최전선에서 개척자로 자비량 선교사역에서 감옥에 갇히는 모습을 보았습니다.

바울의 고난을 보면서 그는 비난하거나 갈등을 갖거나 하지 않았습니다.

내일로 보았습니다. 곧, 함께 한 동역의 마음을 바울은 힘을 얻었던 것입니다.

"자식이 아버지에게 함같이…"(22절)

이로 인하여 바울은 디모데로 인해 힘을 얻을 뿐 아니라 큰 기쁨으로 위로를 받았습니다. 떨어져 있어도 늘 그리워했습니다.

디모데후서 1:4 "너 보기를 원함은…"

디모데는 바울에게 기쁨이었기 때문입니다.

2. 에바브로 디도입니다.

25절 "그는 나의 형제요 함께 수고하고 함께 군사 된 자요 너희 사자로 내가 쓸 것을 돕는 자라"

에바브로 디도는 에바브라와는 다른 인물입니다. 에바브라는 골로새 출신이며 골로새교회 사역자입니다. 반면 에바브로 디도는 빌립보 출신입니다.

바울은 에바브로 디도에 대해서 다섯가지 칭호로 부르고 있습니다.

"형제요"는 하나님의 가족 일원으로 깊은 친밀한 자라는 뜻이며 "함께 수고하고"는 빌립보교회 개척에 함께 세운 것

을 암시하며, "함께 군사된 자요"는 교회 건축 이후 교회를
방해하는 대적자들에게 대항하여 함께 고난을 나눈 자라는
것이며 "너희 사자"는 사자는 헬라어 "아포스툴론"로 '사도'
라는 뜻으로 '보냄을 받은 동역자'란 뜻이며 "나의 쓸 것을 돕
는 자"는 바울을 위해 빌립보교회에 부탁하여 바울을 쓸 비
용을 도와주게 한 에바브로 디도의 조달 역할을 고마움을 나
타내고 있습니다.

바울의 신앙고백

빌립보서 3:7-14

바울은 다메섹에서 회심한 후(A.D.32) 그가 로마감옥 2차 투옥후 순교하기까지 자신이 사는 것은 자기를 위하여 죽으신 주님을 위해 산 것이라고 하였습니다.

진정, 바울은 주를 향한 마음이 변치 않았고 주님께 빚진 자로 평생 주님을 본받아 살며 복음을 위해 충성했습니다. 곧, 만가지 은혜, 자신을 구속하신 주님의 은혜에 대한 신앙 이며 감사였습니다.

바울의 신앙은

1. 자신에게는 자랑할 것이 없다고 합니다.

7절 "무엇이든지 내게 유익하던 것을 내가 그리스도를 위하여 다 해로 여길뿐더러"

바울은 자신이 태어난 신분이나 성장하면서 터득한 학문이나 사회적 특권, 곧, 나면서 로마시민권자였던 것입니다.

또한, 기독교인들을 결박하여 옥에 가두는 권세를 가진 바리새인이었습니다.

그러나, 바울은 자신의 외적인 자랑거리는 쓸모없는 것이 되어버리고 말았습니다.

단지 주님의 은혜로 주어진 것만이 자랑이 된 것이라고 단호히 증거합니다.

갈라디아서 6:14 "내게는 우리 주 예수 그리스도의 십자가 외에 결코 자랑할 것이 없으니…"라 했습니다.

그렇습니다. 바울이 말하는 자랑은 오직 주님의 십자가였습니다.

바울은 주님의 십자가의 사건을 자신에게 적용시킵니다.

그도 한때는 세상 영광을 구하며 율법학자로서 교만하여 남을 정죄하는 폭군이었습니다.

그러나, 이제는 세상과 자신을 구분시킵니다. 자신은 십자가에 못박힌 자라 합니다. 이제는 더 이상 옛 자아방식으로 사는 것이 아니라 십자가의 구원과 은혜로 사는 것이라 증거합니다.

2. 주님을 아는 지식이 제일 소중하다고 합니다.

8절 "내 주 그리스도 예수를 아는 지식이 가장 고상하기 때문이라"

주님을 아는 "지식"은 은혜의 복음, 구속의 비밀을 뜻합니다.

영원한 형벌과 죽음에서 구원한 받은 은혜를 아는 것입니다.

이를 가장 고상함이라 표현합니다. "고상함"은 헬라어 "휘페레콘"으로 '탁월함'이라는 뜻입니다.

바울은 지난날 자신이 가진 것보다 비교할 수록 뛰어나고 유익함이라는 것입니다. 곧, 그리스도를 얻는 것입니다. 영접함입니다.

지난 것은 다 배설물로 여겼다 합니다. "배설물"은 헬라어 "스퀴발라"로 개에게 던지는 '음식찌꺼기' 또는 '쓰레기'를 의미합니다.

즉, 바울은 주님을 만난후 그 이전의 삶은 철저하게 버린 것을 시사합니다.

3. 늘 앞에 것을 잡으려 뛰어갑니다.

13절 "내가 잡은 줄로 여기지 아니하고 오직 한 일 즉 뒤에 있는 것은 잊어버리고 앞에 있는 것을 잡으려고"

바울은 과거에도 집착하지 않고 앞에 것만 잡으려고 달려간다고 합니다. 곧, "푯대를 향하여"서입니다.

"푯대"는 헬라어 "스코폰"으로 '경기장을 달리는 선수가 경주에만 집중하는 것'이며 곧, 예수 그리스도만 바라는 신앙입니다.

성도는 자신들의 시선을 주님에게만 고정해야함을 뜻합니다. 이는 경주뒤에는 그리스도안에 이루어질 구원의 완성을 시사합니다. 곧, 하늘의 영광입니다.

바울의 권면(2)

빌립보서 3:17-21

바울은 빌립보교회 교인들에게 "나를 본받으라" 라고 권면합니다.

바울이 보여준 본은 무엇입니까?

본절에서도 2번 언급했고, 고린도교인들에게도 자신을 본받으라고 했습니다.

바울은 자기를 자랑하는 우월성에서 나온 것이 아니라 주를 위해 성도가 자신과 같은 헌신의 본을 삼으라는 권면입니다. 더욱이 "우리"는 디모데와 에바브로 디도를 암시합니다. 곧, 바울 자신은 물론 다른 동역자의 헌신을 본받기를 제시합니다.

1. 십자가를 원수로 행치 말라고 합니다.

18절 "여러 사람들이 그리스도의 십자가의 원수로 행하느니라"

바울은 눈물을 흘립니다. 그것은 주의 복음을 왜곡하여 주님의 속죄의 피공로로 죄에서 자유함을 얻었음으로 율법의 모든 조항을 지킬 필요가 없다는 말씀으로부터 방종을 따르는 자들 때문입니다.

오늘날도 이단 종파에서는 이러한 주장을 합니다.

바울은 이러한 거짓 교리를 추종하는 일부 교인들을 보며 눈물로 십자가를 원수로 행치 말라고 합니다.

2. 성도의 시민권은 하늘에 있다고 합니다.

20절 "우리의 시민권은 하늘에 있는지라 거기로부터 구원하는 자 곧 주 예수 그리스도를 기다리노니"

바울은 땅에 일을 생각하지 말라고 합니다. 십자가의 구속을 받은 것이라 하여 주의 말씀을 저버리는 것은 이미 방종이며 여전히 땅에 속한 자들이기 때문이라 합니다.

그러나, 성도는 언제든 세속에 머무는 것도 아니며 얽매이거나 빠져서 사는 불경건한 자들이 아닙니다.

성도의 시민권은 하늘에 있는 것이며 주의 구원을 간절히 바라는 소망을 가진 자들입니다. 그래서, 성도의 관심사는 하늘에 있으며 진정한 구속자이신 주님을 간절히 사모하는 경건한 삶을 사는 것입니다. 누구든지 세월은 신속히 가고 짧습니다.

3. 주의 영광을 소망하라고 합니다.

21절 "우리의 낮은 몸을 자기 영광의 몸의 형체와 같이 변하게 하시리라"

여기서 우리의 "낮은 몸"은 성도들이 이 세상에서 살면서 갖고 있는 현재의 몸으로서 죄짓기 쉬운 욕망, 질병, 고난, 죽음에 대한 무방비의 육신의 연약성을 시사합니다.

그러나, 주님의 날이든 성도가 죽음 이후에는 현재 썩어질 몸이 "영광의 몸, 신령한 몸"으로 온전히 변화시킬 것입니다.

이러한 변화는 만물을 복종케 하시는 자, 주님이 하시는 역사로 이루어지는 것입니다.

성도는 늘 주님이 예비하신 소망을 바라며 깨어있는 영적 생활을 합니다.

바울의 권면(3)

빌립보서 4:4-7

바울은 지금까지 빌립보교회 교인들에게 일반적인 교훈과 권면을 하였으나 여기에서는 개인적인 영적생활에 대해 권면합니다.

그만큼 성도는 개인신앙과 생활이 주안에서 성장해야 하고 더욱이 믿는 자들에게도 본이 되어져야 할 영적 성화적 성숙이 증거되어져야 합니다.

바울의 권면은

1. 항상 기뻐하라고 합니다.

4절 "주 안에서 항상 기뻐하라…"
바울은 성도의 생활의 표시는 기뻐함이라고 합니다.
4절에 2번씩 "기뻐하라"고 거듭 권면합니다.

바울은 실제로 본 서신을 쓸 당시 로마 감옥에 투옥되었습니다(빌 1:14, 17).

그러나, 그는 그 가운데에서도 자신이 기뻐하는 생활을 나타냈습니다(빌 1:18, 2:17-18). 따라서, 바울의 이 서신으로 빌립보 교인들은 큰 격려를 받았던 것입니다.

기뻐함은 천국생활의 모형이며 주님을 통하여 얻은 속죄의 은총과 구원의 은총에 대한 신령한 기쁨이 되어집니다.

시편 4:7 "주께서 내 마음에 두신 기쁨은 그들의 곡식과 새 포도주가 풍성할 때보다 더하니이다"

2. 관용을 알게 하라고 합니다.

5절 "너희 관용을 모든 사람에게 알게 하라 주께서 가까우시니라"

관용은 헬라어 "트에피에이케스"로 손해나 역경을 당해도 쉽게 요동하지 않는 '영적 인내'를 의미합니다.

또한, 자신의 당연한 권리를 포기하고 다른 사람에게 너그럽게 권리를 양보하는 태도를 의미합니다.

그 이유는 주님의 재림이 가까워 오는 것을 믿는 이상 모든 손해도 감수하고 다른 이에게 관대한 배려는 주를 믿는 성도의 미덕이 되어 집니다.

3. 염려하지 않음입니다.

6절 "아무 것도 염려하지 말고…"

세상에 사는 날 동안 "염려"가 없을 수 없습니다. 주님은 마태복음 6:25 "염려하지 말라"고 하십니다.

"염려"는 헬라어로 "에람나오" '분열되다, 나뉘다'의 뜻입니다. 마음과 생각이 여러 갈래로 나누어지는 분열 상태입니다.

이 염려의 해결책은 기도입니다.

"기도"의 헬라어 "프로슈게"는 '기도하는 사람의 마음이 하나님을 향해 늘 있는 믿음'을 뜻합니다.

야고보서 1:5 "하나님께 구하라 그리하면 주시리라" 하였습니다. 6절에는 "조금도 의심하지 말라"고 합니다.

골로새서

- "영원하신 하나님의 비밀"

서론

골로새서는 하나님의 감추어진 비밀인 책입니다. 곧 보물 중 보물입니다. 이는 창세 전 감추어진 하나님의 비밀로써 가장 사랑하는 자들에게만 이 비밀이 보여주게 된 것입니다. 그 비밀은 아무나 알 수 없고 볼 수 없습니다. 이 비밀은 만세와 만대로부터 감추인 것인데 하나님의 긍휼하신 경륜을 따라 그리스도 안에서 오직 그의 성도들에게 나타난 것입니다.

구체적으로 이 비밀은 예수 그리스도이시며, 교회이며, 성도의 성화적 생활입니다. 이는 가장 중요한 성도의 신앙 터로써 이 터위에 세워진 신앙은 결코 쓰러지지 않습니다.

더욱이 골로새교회 안에 침입한 거짓 교사들의 영향, 이단, 신비주의, 혼합주의 영향으로 어려운 문제를 극복할 수 있는 유일한 신앙적 무기, 방패는 그리스도 터 위에 세워진 신앙입니다. 현대 교회도 이 신앙의 터 위에 변치 않고 든든히 세워져야만 합니다.

그리스도론

골로새서 1:15-22

골로새교회를 염려하고 기도하는 바울입니다. 그래도 바울은 신앙을 보존하고 지키는 골로새교회 성도들에게 감사를 전하고 있습니다. 그러나 모질고 끈질긴 거짓 가르침에 영향을 받지 말고 거짓 교사들을 분별하고 지속적으로 경계하여야 함을 권하는 것입니다.

무엇보다도 이단을 배격하고 성숙한 신앙을 위해서 예수 그리스도는 누구신가를 자세히 설명하며 그 터 위에 신앙이 흔들리지 말 것을 가르칩니다.

그리스도론의 도표

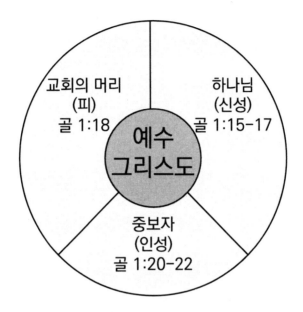

바울은 그리스도에 대하여 다음과 같이 말합니다.

1. 하나님의 신성 이라고 합니다.

15절 "그는 보이지 아니하는 하나님의 형상이시요 모든 피조물보다 먼저 나신 이시니"

바울은 그리스도가 누구신가?를 말합니다. 그것은 골로새서를 쓴 목적이었습니다. 주님은 불가시적인 하나님의 분명

한 현현하신 분으로 성부와 동등성을 가지고 있음을 의미합니다.

주님은 세상 피조물이 창조되기 전에 계신 분이신 창조주이십니다.

2. 주님은 교회의 머리 이십니다.

18절 "그는 몸인 교회의 머리시라…"

교회는 비유컨대 사람의 몸을 설명함으로써 성도들은 상호간에 긴밀한 유기체의 지체됨이며 주님은 머리가 되심입니다.

이는 주님의 피값으로 교회가 세워지고, 주님을 구주로 고백하는 그 피로 죄사함을 받은 성도들이 서로 지체가 되어 교회를 이루고 통일성을 이룬 것임을 설명합니다.

3. 주님은 중보자 이십니다.

20절 "그의 십자가의 피로 화평을 이루사…"

하나님의 신성이 그리스도 예수 안에 그 충만함은 하나님과 만물을 화해하게 하는 가치가 있는 것입니다. 더욱이 주님은 자신을 십자가에 제물로 드리사 피흘리심으로 하나님과 성도가 화평을 단번에 이루신 것입니다.

곧, 주님이 흘리신 피가 타락한 인생을 죄 씻어주시고 하나님과 화평을 이루는 효력을 가져온 것입니다.

성도는 속죄의 은총과 하나님과 화해의 은총을 입은 체험은 평생 빚진 심정으로 사는 것입니다.

찬송 25장입니다. "나의 죄를 씻기는 예수의 피밖에 없네 다시 정케 하기도 예수의 피 밖에 없네" 찬송합니다.

교회론

    교회는 무엇인가? 바울은 교회에 대하여 설명합니다. 교회를 사랑하는 것이 예수님을 사랑하는 것이며 교회를 섬기는 것이 예수님을 섬기는 것입니다. 교회를 흔드는 것은 불신앙이며 마귀 일입니다. 그러나 음부의 권세는 반석위에 세워진 교회를 이길 수 없습니다.

    바울은 모든 성도의 신앙은 예수 그리스도의 터 위에 세워져야 "순수 신앙"이 보존되고 지킬 수 있다 합니다. 동시에 거짓 가르침과 교훈에 영향 받지 말아야 함을 골로새교회 성도들에게 보내는 부탁입니다. 그러므로 교회는 어떤 곳인가? "교회관"을 바르게 가져야 합니다.

교회론의 도표

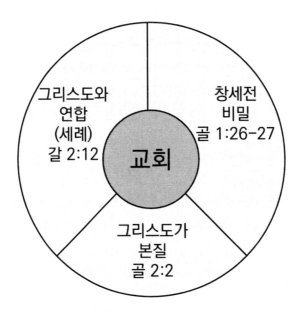

바울이 증거하는 교회론

골 1:26, 2:2, 12

1. 창세전 비밀입니다.

골로새서 1:26 "이 비밀은 만세와 만대로부터 감추어졌던 것인데 이제는 그의 성도들에게 나타났고"

교회의 비밀은 영원하신 하나님의 비밀입니다. "만세와 만대", 영원하신 하나님의 시간 "카이로스" 시간을 뜻합니다.

인류를 구원하시는 하나님의 뜻과 섭리가 담긴 영원하신 시간으로 이해합니다.

반면, "크로스"는 인간의 역사속에 흐르는 시간이며 지구의 공전과 자전을 통해 낮과 밤이 찾아오는 과거로부터 미래로 흐르는 시간입니다.

이처럼 교회의 신비는 놀라운 하나님의 구속의 비밀이 주님을 통하여 성도들에게 나타난 것입니다.

그러므로, "비밀"은 헬라어 "뮈스테리온"로 '감추어짐'의 뜻으로 하나님의 구속의 계획이 성취되누 것을 증거해 줍니다. 이는 주님의 피값으로 그의 몸된 교회가 세워지고 누구든지 주님을 영접한 자는 주님의 교회의 지체가 되어 구원받은 거룩한 백성인 성도가 된 것은 큰 영광이며 영화입니다.

2. 그리스도가 교회의 본질입니다.

골로새서 2:2 "하나님의 비밀인 그리스도를 깨닫게 하려 함이니"

바울이 골로새 성도들에게 간절히 바라는 궁극적인 목적은 하나님의 구원의 계획과 지혜는 주님안에 나타났으며 주님을 통해서만이 하나님의 비밀을 깨달을 수 있다는 것을 증거해 줍니다.

당시 골로새교회에는 이단들이 성행하여 교인들이 심각한 순수신앙심에 위험한 신앙적 위기에 직면하게 된 것입니다.

당시 거짓교사들은 교회내에 침투하여 천사숭배, 금욕, 할례, 영지주의 등의 혼합주의 가르침이었습니다.

기독교 순수 복음을 변질시키는 가르침이며 육신의 죄가 영혼에는 전혀 영향을 주지 않는다는 것이며 이러한 이원론적 사고방식으로 주님의 신인 양성까지 부인하게 됨입니다.

신인양성(神人兩性)이란? 주님은 하나님과 본체(신성)이시며 육신의 몸(인성) 가지시고 성육신 하신 분입니다.

3. 교회는 그리스도와 연합입니다.

골로새서 2:12 "너희가 세례로 그리스도와 함께 장사되고…"

바울은 성도가 세례로 통하여 주님과 함께 죽고 함께 죽은 자 가운데서 일어난다 합니다. 그리고, 믿음으로 말미암아 주님과 연합되었다는 교회론의 신비를 증거합니다.

"세례"는 영적 할례로 헬라어 "밥티스마"로 '적시다, 잠근다'라는 뜻입니다.

고대 사회 염색공장에서 쓰는 말로써 즉, 옷감이 염료와 연합되어 염색됨입니다.

이는 성도들이 세례로 통하여 주님과 연합된 교회의 지체가 되었다는것이라는 영적 의미를 갖는 것입니다.

주님은 세상을 떠나실 때 즈음하여 너희는 가서 모든 족속으로 나아가 세례를 줄 것을 명령하셨습니다.

성화적 생활론

성도의 생활은 성화적 생활입니다. 이는 세상과 구별되어 세상의 풍습, 유행을 쫓지 아니하고 말씀과 기도로 경건하게 성령의 인도를 따르는 생활입니다. 그리스도안에 새생활은 주님의 성품과 형상을 날마다 닮아가는 경건한 생활입니다. 이를 "성화적 삶"이라 설명합니다. 바울은 예수님을 본받는 삶은 개인에 있어서와 가정에 있어서와 교회에 있어서 나타나야 한다고 합니다. 그만큼 성도의 삶은 개인의 경건 생활인 동시에 사명적 생활이기 때문입니다.

성화적 생활론에 대한 도표

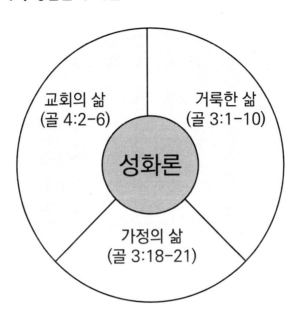

교회의 삶
(골 4:2-6)

거룩한 삶
(골 3:1-10)

성화론

가정의 삶
(골 3:18-21)

성화론(1)

골로새서 3:1-10(개인의 거룩한 삶)

바울은 구원 이후 그리스도인의 생활은 주님의 성품과 형상을 본받아 개인적인 성화적 생활로 날마다 변화되어 가야한다고 말합니다. 혹, 은사와 능력이 외적으로 놀랍게 보여도 실제 내적 경건생활이 옛사람, 옛 생활로 머물러 있다면 영적 기형적 상태에 있는 것입니다.

먼저 중요한 것은 개인적 경건생활입니다.

1. 위에것 찾으라고 합니다.

1절 "너희가 그리스도와 함께 다시 살리심을 받았으면 위의 것을 찾으라"

성도는 주님과 함께 장사되고 함께 부활한 자들입니다. 곧, 주님과 함께 살리심 받음으로써 바울은 골로새교회 교인들에게 삶의 방향을 제시합니다.

성도의 생명은 자신 것이 아니라 주님의 것이기 때문에 성도의 관심 사는 주님의 관심사로 바뀌어야 합니다. "위에 것"은 하나님나라 새 시대의 일을 의미합니다.

이는 이미 성도는 주님과 함께 죄에 대하여 죽고 장사 되었으며 살리심을 받았기 때문입니다. 한편 "찾으라"에 해당되는 헬라어는 "세테이테"로 '지속적인 노력'을 뜻합니다. 위에 것을 찾아야 할 이유는 부활하신 주님께서 하나님 우편에 앉아 계시기 때문입니다. 주님은 하늘 영역에서의 주인이시고 실질적 최고의 권위를 지니신 분이십니다.

2. 늘 땅의 것을 죽이라는 선언입니다.

5절 "땅에 있는 지체를 죽이라 곧 음란과 부정과 사욕과 악한 정욕과 탐심이니 탐심은 우상 숭배니라"

바울은 땅의 것을 죽이라 선포합니다. "죽이라" 헬라어 "네크로사테"로 '죄와의 투쟁, 죄를 제거'를 의미합니다.

옛본성, 옛성품으로 인한 5가지 종류의 범죄를 죽이라고 시사합니다.

① 음란, 혼외정사와 불법적 성관계입니다.

음란은 헬라어로 만연한 음란한 생활을 의미합니다. 바울은 성도들에게 음란에 대한 단호한 금지명령을 선언합니다.

② 부정, 이는 음란보다 더 넓은 의미로써 사상, 행동, 말 등의 음란패설입니다.

③ 사욕, 색욕을 유발하는 부끄러운 욕망이며 ④ 악한 정욕, 사람들에게 음란한 언행심사를 조성하는 것이며, ⑤ 탐심, 물질에 대한 무절제한 욕심을 내는 것으로 우상숭배와 동일시 됩니다.

바울은 이로 인하여 하나님의 진노가 있는 것을 가르쳐 줍니다. 과거에 자연인으로 살때는 그 생활속에 살았지만 구원 이후 성도는 성령의 거듭남으로 주님의 새생명, 새마음, 새 생활을 하는 성화적 생활을 사모하며 땅에 지체를 죽이는 자들입니다.

3. 항상 새롭게 함을 입는 새사람이 되어야 합니다.

10절 "새 사람을 입었으니 이는 자기를 창조하신 이의 형상을 따라 지식에까지 새롭게 하심을 입은 자니라"

성도는 지난 자연인으로 살 때의 일을 이처럼 더 이상 부끄럽게 지내지 말고 수많은 악으로 가득 생활에서의 일을 버리고 우리를 창조하신 하나님의 형상을 닮아갈 것을 말해줍니다.

원래 하나님의 형상으로 창조되었던 아담은 죄로 인하여 타락된 인간이 되어 하나님의 형상을 상실하고 죄에 지배를 받는 저주받은 인생이 된 것입니다.

여기에서 하나님의 형상이란 무엇입니까?

하나님께서는 동물과 달리 인간생명은 직접적인 방법으로 "생기"를 부여하였습니다(창 2:7).

"생기"는 히브리어 "네샤마"로 '영혼, 호흡, 기운'으로 번역됩니다.

곧, 하나님께서 인간 육체(흙)에 생명의 근원되는 자신의 기운을 불어넣으신 것입니다.

더 나아가서 설명하면 창세기 1:27 "하나님이 자기 형상 곧 하나님의 형상대로 사람을 창조하시되 남자와 여자를 창조하시고" 여기에서 "형상"은 히브리어 "셀렘"으로 '어떤 사물과 그것을 그린 그림이 서로 닮은 것'이란 뜻입니다.

이는 인간이 하나님의 성품의 영향을 받아 지음 받았다는 것을 의미합니다. 곧, 모든 피조물 가운데 하나님과의 교제 대상으로 인간만이 선택되었다는 사실을 보여줍니다.

그러나, 창조시 부여된 이 하나님의 형상이 타락시 크게 훼손된 것입니다. 그러나, 주님의 구속의 사역으로 인간이 다시 새롭게 하심을 받아 창조하신 자의 형상을 회복할 수 있게 된 것입니다.

성화론(2)

골로새서 3:18-22

가정의 경건한 삶

바울은 그리스도인의 경건한 가정생활을 언급합니다. 아내들과 남편들, 자녀들과 부모들간의 상호의 의무를 설명합니다.

1. 아내들의 경건성입니다.

18절 "아내들아 남편에게 복종하라 이는 주 안에서 마땅하니라"

아내의 이 덕은 복종입니다. "복종"은 헬라어 "휘포타소"로 신약에 23회 나타납니다. 이는 '자발적 헌신'을 의미합니다.

가정에 화평과 축복은 아내의 미덕에서 비롯되는 것으로 하나님께서 제정하신 창조의 질서 한 부분이며 이는 교회가 자발적으로 주님에 대한 복종과 헌신을 하는 것과 동일한 의미를 지니는 것입니다.

2. 남편들의 경건성입니다.

19절 "남편들아 아내를 사랑하며 괴롭게 하지 말라"

남편은 가정에 제사장으로서의 책임과 의무를 지니고 있습니다.

무엇보다도 아내를 사랑함은 단순한 애정을 넘어 아내의 행복을 위하여 끊임없이 돌보고 봉사함입니다.

아내는 젊은 시절의 짝입니다. 하나님의 언약으로 맺어진 아내로서 아내를 즐겁게 하고 항상 그의 사랑을 연모하여(잠 5:19) 남편의 힘으로 아내를 지키며 오히려 아내에게 힘을 쓰지 말며(잠 31:3) 서로 마음과 생활에 분방하지 말라고 합니다.

남편은 사단이 가정에 시험이 되지 않기 위하여 아내와 동거하고 기도가 막히지 않게 하라고 합니다(벧전 3:7).

3. 자녀들의 경건성입니다.

20절 "자녀들아 모든 일에 부모에게 순종하라"

"순종하라"는 헬라어 "휘파쿠에데"로 아내들에게 사용한 용어인 "휘포탓세스데" 복종하라에 비해 강제적입니다.

자녀들은 이유불문하고 자기를 낳으신 부모에게 기쁘게 해야 할 필연적 본분이 있기 때문입니다.

반면, 부모에게 근심을 주는 것은 불효가 됩니다. 구약에서 하나님의 복을 받지 못한 것은 부모에게 근심꺼리가 되었기 때문입니다.

창세기 26:35 "그들이 이삭과 리브가의 마음에 근심이 되었더라"

신명기 27:16 "그의 부모를 경홀히 여기는 자는 저주를 받을 것이라 할 것이요"

레위기 20:9 "누구든지 자기의 아버지나 어머니를 저주하는 자는 반드시 죽일지니"

출애굽기 21:15 "자기 아버지나 어머니를 치는 자는 반드시 죽일지니라"

곧, 부모공경은 하나님 명령입니다.

성화론(3)

골로새서 4:2-6

성도의 가장 중요한 성화적 생활은 교회의 경건한 생활입니다.

교회는 주님의 몸이며 성도는 교회의 지체입니다.

주님은 자신의 흘리신 피값으로 그의 교회를 세우시고(행 20:28) 건축자들이 버린 돌이 집모퉁이의 머릿돌(교회)이 된 것입니다(벧전 2:7).

하나님의 뜻이 하늘에서 이루어진 것 같이 우리로 통하여 하나님의 뜻(교회)이 이땅에 이루어져야 합니다. 이를 위해서 교회는 경건해야 합니다.

1. 기도를 계속해야 합니다.

2절 "기도를 계속하고 기도에 감사함으로 깨어 있으라"

교회의 가장 이상형은 영적으로 깨어있는 기도하는 교회입니다. 초대교회에 오순절 성령이 임함은 성도들이 전혀 기도에 힘쓸때 였습니다.

더욱이 마음을 같이하여 전혀 기도를 힘쓰는 모습은 참교회에 표지입니다(행 1:14).

기도는 영적 호흡이며 맥박입니다. 그래서, 기도를 계속하라고 바울은 권면합니다. 기도소리가 없는 것은 아이 출생이 없는 것처럼 영적으로 죽는 것과 동일합니다. 아무리 사데교회와 라오디게아교회처럼 웅장한 교회이며 회중이 무수히 모여도 형식적 예배를 드린다면 실상은 가난한 자이며 죽은 자입니다(계 3:1, 14).

비록, 카타콤교회처럼 화려하지않고 지하에 숨어서 숨죽여 기도하며 예배한 신앙은 깨어있는 성화적 성도의 신앙이었습니다.

2. 전도의 문이 열려야 합니다.

3절 "또한 우리를 위하여 기도하되 하나님이 전도할 문을 우리에게 열어 주사"

성령의 역사는 전도문이 열리는 것입니다. 반면, 마귀의 일은 전도문을 닫히게 하고 영혼구령의 불을 끄게 하는 것입니다.

교회가 전도를 1년안에 하지 아니하면 교회는 영적 위기를 가져와 문을 닫습니다. 마치 샘터에 물을 퍼내지 아니하면 샘의 근원이 마르거나 오염되는 것처럼 폐수가 됩니다.

전도는 주님의 지상 명령이며 지상교회가 세상을 향해 존재하는 임무가 됩니다. 모여 기도하면 성령감화 받습니다. 영혼 구령의 불이 일어납니다.

여인이 아기를 출산하지 못하면 시대적 위기인 것처럼 성도가 전도를 못하고 태신자를 출산 못하면 시대적 위기입니다.

하나님께 전도문을 열어주시기를 마음을 같이 하여 기도해야만 합니다.

3. 언어가 은혜로워야 합니다.

6절 "너희 말을 항상 은혜 가운데서 소금으로 맛을 냄과 같이 하라"

음식에 소금은 맛을 내는 조미료입니다.

음식이 싱거우면 맛이 없는 것이 되어 식탁의 값진 수고가 무의미해 지는 것과 같이 성도의 성숙된 성화적 언어는 소금과 같은 미덕이 되어집니다.

바울의 마지막 골로새교회 교인들에게 권면은 일상적 대

화의 성숙함입니다. 늘 염두해야 함은 은혜로운 언어입니다.

은혜의 헬라어 "카리스"로 3가지로 해석됩니다.

① 감사의 말입니다.

② 하나님의 은혜

③ 은혜롭게 의 뜻이 있습니다.

더욱이 성도의 언어는 어린 성도들 앞에서와 비그리스도인들 앞에서 중요한 본이 됨으로 성도는 늘 소금의 지혜를 구하며 적절하게 은혜롭게 언어의 성숙함을 보여주어야 합니다.

빌레몬서

- "실천적 중재자의 덕목"

서론

빌레몬서는 바울의 여러 서신중에 가장 짧은 서신입니다. 하지만, 본서에서는 그리스도인의 실천적 사랑과 덕목이 깊게 흘러내리고 있습니다. 바울, 빌레몬 그리고 오네시모는 인생드라마에 나오는 등장인물과 같습니다.

한 사람은 가해자, 또 한 사람은 피해자, 또 한 사람은 용서와 화해를 중재하는 중재자입니다. 더욱이 중재의 사역은 인류 구속을 이루신 예수님의 참된 용서의 정신에서 비롯된 복음입니다.

그리스도인은 그리스도의 구속의 은혜를 체험한 자들입니다. 그리스도인의 덕목은 십자가의 정신에 의한 실천적 사랑의 중재자로 임무와 책임이 있습니다.

성숙한 신앙

빌레몬서 1:4-7

바울은 1차 로마감옥에 갇혀 있을 때 A.D.61-63중 쓰인 서신입니다. 감옥에 투옥되었던 2년여 동안 비교적 면회객들을 자유롭게 만나 말씀을 전하고 가르칠 수 있었습니다. 이 기간 동안 노예 오네시모가 바울로부터 복음을 듣고 예수님의 제자가 되었는데 그의 주인 빌레몬은 성숙한 신앙의 사람이었습니다.

바울은 빌레몬이 어떻게 그리스도인 되었는지는 모르나 그의 믿음에 대하여 하나님께 항상 감사히 기도하게 되었습니다. 더욱이 빌레몬은 노예를 부리는 권세자였으나 사회적 계급의식 보다는 그의 성숙한 신앙에 바울은 크게 감명을 받고 있습니다.

바울은 빌레몬에 대하여 다음과 같이 말합니다.

1. 빌레몬에게 감사합니다.

4절 "내가 항상 내 하나님께 감사하고 기도할 때에 너를 말함은"

바울이 빌레몬을 위한 중보기도를 감사함으로 계속 하는 것은 빌레몬이 성숙한 신앙 때문입니다.

곧, 그는 그리스도인의 관용적인 용서가 있습니다.

용서할 수 없고 용서 못하는 각박한 사회현실속에 자신의 권리와 소유권을 포기하면서 화해와 용서가 그로 통하여 감동적으로 나타나고 있습니다.

2. 빌레몬의 소식에 감사하고 있습니다.

5절 "주 예수와 및 모든 성도에 대한 네 사랑과 믿음이 있음을 들음이니"

바울은 빌레몬의 신앙생활에 대하여 전달 받습니다.

바울이 빌레몬에 대하여 소식을 전해준 사람은 아마도 에바브라와 오네시모였을 것입니다. 즉, 빌레몬은 주님에 대한 강한 믿음과 모든 성도들에게 대한 헌신과 봉사가 있기 때문입니다.

3. 성도들에게 좋은 신앙의 영향을 주었기 때문입니다.

7절 "형제여 성도들의 마음이 너로 말미암아 평안함을 얻었으니"

빌레몬은 누가 보나 안보나에 인식하지 않고 순수한 헌신이 있음은 주님을 향한 믿음이 성숙하였기 때문입니다. 교회 내 성도들도 빌레몬에게 부담보다도 평안을 얻는 것은 순수한 마음에서 비롯된 빌레몬에 진정한 언행심사가 있었기 때문입니다. 만약 자신의 행함에 대해 자랑이나 과시력을 나타냈다면 모든 성도들에게 비웃음이 되었고 그가 하는 일에 부담이 되었을 것입니다.

이는 성도들에게 신앙의 본이 될 뿐 아니라 적지 o 낳는 줄은 신앙의 영향을 주는 것입니다.

중재자의 중보

빌레몬서 1:9-14

사실 중재자의 역할은 어려운 일입니다. 간혹 오해와 역효과가 있을지를 걱정하게 되고 오히려 봉변을 당할 수 있기 때문입니다. 또한 자신의 문제로 짊어진 무거운 짐이 힘들기 때문입니다.

그러나 바울은 옥중에 갇힌 죄인이지만 그는 옥중에서 낳은 노예 오네시모를 위해 그의 주인 빌레몬에게 주인집을 도망하여 고대사회에 사형으로 처형 받을 수밖에 없는 비천한 신분인 노예이며 주인에게 피해를 입힌 가해자 오네시모를 위해 용서를 대신 간구하고 있습니다. 바울은 주님의 중보적 십자가의 희생과 용서를 본받아 중재하고 있습니다. 십자가 사랑의 위대한 힘입니다.

바울의 중재는 다음과 같습니다.

1. 먼저 자신을 소개합니다.

9절 "나이가 많은 나 바울은 지금 또 예수 그리스도를 위하여 갇힌 자 되어"

바울은 자신을 두 가지 입장에서 소개합니다. 나이 많은 바울이며 갇힌 자 된 자라는 것입니다. 왜? 나이를 언급합니까? 그것은 빌레몬도 나이가 많았기 때문에 서로 친밀감을 표현한 것입니다.

더욱이 빌레몬은 목회를 하는 아킵보의 아버지입니다. 그래서, 바울은 같은 연장자로서의 부탁과 이해를 요청하는 것입니다.

또한, 자신이 갇힌 자라는 것은 그리스도를 위해 사심없이 빌레몬에게 부탁함이며 오네시모를 위한 간절한 심정이라는 것입니다.

2. 오네시모를 소개합니다.

10절 "갇힌 중에서 낳은 아들 오네시모를 위하여 네게 간구하노라"

즉, 바울은 자신이 옥중에서 영적 해산의 고통속에서 오네시모를 낳았다는 것입니다. 오네시모는 복음으로 개종되었고 더 나아가 복음을 위해 종이 되었다고 소개합니다. 왜냐하면 오네시모는 노예로서 주인 빌레몬 집에서 도망한 나쁜 평판을 가지고 있기 때문입니다.

고대사회에서는 붙잡히면 처형도 받습니다. 큰 위기입니다. 이로 인해 바울은 화해와 용서를 중보자로서 간구하는 것입니다.

3. 오네시모의 신분 변화를 설명합니다.

11절 " 그가 전에는 네게 무익하였으나 이제는 나와 네게 유익하므로"

중보자의 역할은 어렵습니다. 그러나, 바울은 오네시모를 잘 설명합니다.

"전에는 무익한 자, 지금은 유익한 자"라고 합니다.

이처럼, 복음으로 난 사람은 소중합니다.

더욱이 복음을 위해 준비된 종이기 때문입니다.

오늘날도 한 사람의 주의 종이 배출되기까지 기도와 눈물, 화해와 용서가 수반됩니다.

바울의 중보적 역할은 이러한 점을 잘 보여주고 있습니다.

이에 못지않게 빌레몬도 성숙한 성도로서 그의 헌신이 무익한 자를 유익한 자가 되게 합니다.

성도간의 빛

빌레몬서 1:16-20

바울은 고마운 빌레몬에게 상호간에 "빛"에 대하여 언급하고 있습니다. 그럼에도 비록 복음으로 낳은 제자가 오네시모일지라도 바울은 빌레몬에게 미안한 빚진 마음을 나타내고 있습니다.

바울은 신사 중 신사입니다. 고대 사회에서 노예는 주인에게는 재산입니다. 실제 오네시모는 돈 주고 데려온 자입니다. 그러므로 오네시모로 인해 손해가 발생한 것입니다. 바울은 이점을 미안함을 표하면서 혹시 오네시모로 인한 손해를 바울이 자신의 "빛"으로 안고 회계하겠다 한 것입니다.

그러나 빌레몬은 바울의 의견을 이해하나 실제로 바울로 통하여 받은 영적 은혜는 물질적 계산보다 더 큰 것이며 빌레몬은 오히려 바울을 영적 아버지로 고마워함을 암시합니다.

실제 빌레몬은 바울이 세운 골로새 교회 성도였기 때문입니다.

1. 오네시모를 용서해 달라고 부탁합니다.

16절 "이 후로는 종과 같이 대하지 아니하고 종 이상으로 곧 사랑 받는 형제로 둘 자라"

오네시모는 주인 빌레몬에서 도망갔을 뿐 아니라 도망가기 전에도 유익하지 못했습니다. 그러한 무익한 자가 복음으로 개종된 후에 변화된 모습을 빌레몬에게 중재를 합니다.

비록, 빌레몬은 관용적인 성도로 이러할찌라도 오네시모를 용서하는 것에 있어 바울은 부탁으로 인해 억지로 하는 것이 되지 않기를 바랍니다.

진정 자의적으로 용서를 허락해 주기를 바라는 것입니다.

2. 바울은 중재자 역할은 희생적입니다.

17절 "네가 나를 동역자로 알진대 그를 영접하기를 내게 하듯 하고"

바울은 오네시모를 부끄러워하지 않습니다.

과거의 행적은 주님을 영접한 새생활에서는 이미 십자가 밑에 장사되어진 것입니다. 더욱이, 한 사람의 무익했던 자를 복음의 종으로 세우기 위해서는 중재자의 희생적 수고가 있다는 것입니다.

바울은 빌레몬 역시 복음의 동역자인 것처럼 오네시모도 복음의 동역자임을 진정으로 설명합니다.

3. 오네시모가 재정적 빚이 있다면 자신이 빚 청산을 하겠다고 합니다.

18절 "그가 만일 네게 불의를 하였거나 네게 빚진 것이 있으면"

바울은 오네시모를 복음의 아들로 사랑합니다. 마치 주님이 인류대속사역을 위해 어린양같이 도살장에 가는 것과 같은 복음의 사랑입니다.

과거에 오네시모의 쓸모없는 행적을 대신하여 빌레몬에게 용서를 구합니다.

혹, 재산상 큰 피해를 입은 것이 있다면 자신도 옥에 갇힌 자로 빈털터리지만 대신 회계하여 청산하겠다고 말합니다.

진정 사랑의 책임감입니다. 이후에 바울은 자신을 대신하여 복음의 종으로 오네시모가 유익한 자가 될 것을 알고 있습니다.

잊지못할 동역자

빌레몬서 1:23-25

바울은 A.D.34년경 다메섹에서 예수님을 3주 영접하여 회심의 체험을 하였습니다. 그후 A.D.67년경 로마감옥에서 투옥되어 순교하기가지 숱한 박해와 고난이 끊이지 않았습니다. 그러나 그의 긴 세월 중에 복음의 사명을 위해 달려갈 수 있었던 것은 그가 고백한 것처럼 하나님의 은혜였던 것입니다.

하나님의 은혜 중에는 잊지 못할 고마운 동역자들이 있었습니다. 이러한 동역자들이 그의 사역 중에 있었음으로 사역을 완수할 수 있었던 것입니다. 바울은 이 고마운 동역자들에 대해 옥중에서 잊지 못하여 인사하는 것입니다.

1. 먼저, 에바브라입니다.

23절 "갇힌 자 에바브라와"

에바브라는 아리스다고로도 호칭됩니다.

에바브라는 실제 바울과 에베소에서 감옥에 갇혔음을 시사합니다(행 19:29).

동역자로 표현하며 고마움을 잊지않고 있습니다.

에바브라는 골로새교회 개척자이며 바울과의 동역자로서 함께 갇힌 고마운 동역자입니다.

2. 마가(아리스다고), 데마, 누가입니다.

① 마가는 바나바의 생질입니다.

마가는 1차 전도여행 중에 바울 일행을 떠나 예루살렘으로 이탈했습니다. 그래서, 바울은 2차 전도여행 때에 마가를 데려가지 않겠다 하여(행 12:12) 바나바와 결국 결별하게 된 것입니다(행 15:36-41). 그러나, 후에 바나바의 세밀한 지도로 변화를 받아 12년 후에 다시 바울의 전도 일행에 참여하게 된 것입니다.

마가는 후에 마가복음서를 집필했으나 생전에 주님을 직접 만나보지 못했으나 베드로를 통해 대부분 주님의 행적을 듣고 기도했습니다. 또한, 바울이 처형 전까지 함께 있었던 고마운 동역자임을 밝힙니다.

② 데마는 골로새교회와 빌레몬에게 문안한 바울의 동역자 였습니다.

바울이 계속 옥에 갇혔을 때 바울을 떠나 데살로니아로 가 버린 자였으며 단지 바울은 데마에 대해 이름만 언급하고 있습니다.

끝까지 함께 못한 아쉬운 동역자였습니다.

③ 누가는 사랑받는 의사였습니다.

2차여행 때 드로아와 빌립보에 함께 있었고 3차 전도여행 때에 바울과 예루살렘까지 동행 하였습니다.

누가는 이방인이었으나 바울의 투옥기간동안 바울의 주치의 역할을 함으로써 "사랑을 받는 의원"이라고 골로새 교인들에게 소개를 해주고 있습니다. 누가 역시 주님을 직접 만나지 못했으나 누가복음, 사도행전을 기록했습니다.